MARCELO
DE OLIVEIRA
VOLPATO

CIBERJORNALISMO DE PROXIMIDADE NO INTERIOR PAULISTA

Marcelo de Oliveira Volpato

CIBERJORNALISMO DE PROXIMIDADE NO INTERIOR PAULISTA

Editora CRV
Curitiba – Brasil
2020

Copyright © da Editora CRV Ltda.
Editor-chefe: Railson Moura
Diagramação e Capa: Designers da Editora CRV
Imagem da Capa: Peshkova/Shutterstock.com
Revisão: Analista de Escrita e Artes

DADOS INTERNACIONAIS DE CATALOGAÇÃO NA PUBLICAÇÃO (CIP)
CATALOGAÇÃO NA FONTE
Bibliotecária Responsável: Luzenira Alves dos Santos CRB9/1506

V899

Volpato, Marcelo de Oliveira.
    Ciberjornalismo de proximidade no interior paulista / Marcelo de Oliveira Volpato – Curitiba: CRV, 2020.
164 p.

    Bibliografia
    ISBN Digital 978-65-5868-175-5
    ISBN Físico 978-65-5868-173-1
    DOI 10.24824/978655868173.1

    1. Comunicação 2. Ciberjornalismo 3. Jornalismo de proximidade 4. Desenvolvimento I. Título II. Série.

CDU 070   CDD 070.4

Índice para catálogo sistemático
1. Jornalismo 070.4

ESTA OBRA TAMBÉM SE ENCONTRA DISPONÍVEL
EM FORMATO DIGITAL.
CONHEÇA E BAIXE NOSSO APLICATIVO!

2020
Foi feito o depósito legal conf. Lei 10.994 de 14/12/2004
Proibida a reprodução parcial ou total desta obra sem autorização da Editora CRV
Todos os direitos desta edição reservados pela: Editora CRV
Tel.: (41) 3039-6418 - E-mail: sac@editoracrv.com.br
Conheça os nossos lançamentos: www.editoracrv.com.br

Conselho Editorial:

Aldira Guimarães Duarte Domínguez (UNB)
Andréia da Silva Quintanilha Sousa (UNIR/UFRN)
Anselmo Alencar Colares (UFOPA)
Antônio Pereira Gaio Júnior (UFRRJ)
Carlos Alberto Vilar Estêvão (UMINHO – PT)
Carlos Federico Dominguez Avila (Unieuro)
Carmen Tereza Velanga (UNIR)
Celso Conti (UFSCar)
Cesar Gerónimo Tello (Univer .Nacional Três de Febrero – Argentina)
Eduardo Fernandes Barbosa (UFMG)
Elione Maria Nogueira Diogenes (UFAL)
Elizeu Clementino de Souza (UNEB)
Élsio José Corá (UFFS)
Fernando Antônio Gonçalves Alcoforado (IPB)
Francisco Carlos Duarte (PUC-PR)
Gloria Fariñas León (Universidade de La Havana – Cuba)
Guillermo Arias Beatón (Universidade de La Havana – Cuba)
Helmuth Krüger (UCP)
Jailson Alves dos Santos (UFRJ)
João Adalberto Campato Junior (UNESP)
Josania Portela (UFPI)
Leonel Severo Rocha (UNISINOS)
Lídia de Oliveira Xavier (UNIEURO)
Lourdes Helena da Silva (UFV)
Marcelo Paixão (UFRJ e UTexas – US)
Maria Cristina dos Santos Bezerra (UFSCar)
Maria de Lourdes Pinto de Almeida (UNOESC)
Maria Lília Imbiriba Sousa Colares (UFOPA)
Paulo Romualdo Hernandes (UNIFAL-MG)
Renato Francisco dos Santos Paula (UFG)
Rodrigo Pratte-Santos (UFES)
Sérgio Nunes de Jesus (IFRO)
Simone Rodrigues Pinto (UNB)
Solange Helena Ximenes-Rocha (UFOPA)
Sydione Santos (UEPG)
Tadeu Oliver Gonçalves (UFPA)
Tania Suely Azevedo Brasileiro (UFOPA)

Comitê Científico:

Ana Lucia de Alcântara Oshiro (UAM)
Arnaldo Oliveira Souza Júnior (UFPI)
Fernando do Nascimento Gonçalves (UERJ)
Flávia Affonso Mayer (UFMG)
Flávio Lins Rodrigues (UFJF)
Helena Santiago Vigata (UnB)
Júlio César Machado Pinto (UNA)
Kelly Cristina de Souza Prudencio (UFPR)
Liv Rebecca Sovik (UFRJ)
Lívia Fernanda Nery da Silva (UFPI)
Márcio Souza Gonçalves (UERJ)
Marcos Rizolli (MACKENZIE)
Maria Schirley Luft (UFRR)
Mohammed ElHajji (UFRJ)
Otacílio Amaral Filho (UFPA)
Ricardo Ferreira Freitas (UERJ)
Sergio Augusto Soares Mattos (UFRB)
Suyanne Tolentino de Souza (PUC-PR)

Este livro passou por avaliação e aprovação às cegas de dois ou mais pareceristas *ad hoc*.

SUMÁRIO

PREFÁCIO 9
Cicilia M. Krohling Peruzzo

INTRODUÇÃO 13
    Estrutura do trabalho 15
    Metodologia 16
    O método histórico-dialético 18
    Os procedimentos desta pesquisa 22

CAPÍTULO I
CONTEXTOS DA IMPRENSA
DE PROXIMIDADE 25
    O localismo como território
    dos jornais de interior 25
    O jornal de interior 30
    O jornal local 32
    O jornal de proximidade 35
    Ciberjornalismo de proximidade 38

CAPÍTULO II
COMUNICAÇÃO PARA O DESENVOLVIMENTO 43
    1. Teorias do Desenvolvimento 44
    2. Aspectos teóricos da comunicação
    para o desenvolvimento 61

CAPÍTULO III
O JORNALISMO NO INTERIOR PAULISTA 73
    1. Breve histórico da imprensa
    no interior paulista 73
    2. A pesquisa empírica 77
    3. Potencialidades e recursos da Internet 93
    4. Conteúdo publicitário 107

CAPÍTULO IV
PISTAS PARA UM DIAGNÓSTICO:
as limitações de um falso-local 109
    1. Dificuldades no processo de transição
    e avanço para o digital 113
    2. Formatos, estruturas e
    estratégias editoriais 119

3. Modelos de negócios e estratégias
de sustentabilidade 124
4. Avanços e estratégias para
a participação popular 129
5. Contribuições para o desenvolvimento.
Que desenvolvimento?... 132

CONCLUSÃO 137

POSFÁCIO 143
Pedro Jerónimo

REFERÊNCIAS 147

ÍNDICE REMISSIVO 159

PREFÁCIO

Cicilia M. Krohling Peruzzo[1]

As mudanças provocadas pelas tecnologias digitais induzem a perguntas de pesquisa sobre o impacto delas nos diversos fenômenos da vida em sociedade. A tese de Marcelo de Oliveira Volpato, agora apresentada em formato de livro, perguntou sobre as incorporações das inovações tecnológicas, especialmente, a partir da internet com toda potencialidade hipertextual e seus desdobramentos nos dispositivos móveis e aplicativos, no jornalismo online local, ou de proximidade, e que tipo de desenvolvimento é refletido na atuação empresarial na produção de conteúdos. Elegeu 3 (três) jornais de cidades importantes do interior do Estado de São Paulo – Campinas, Sorocaba e Bauru, por conjugarem os formatos impresso e o digital e possuírem potencial de apropriação com mais desenvoltura das condições emanadas pelas transformações tecnológicas. A pesquisa foi desenvolvida de modo competente e exaustivo ao identificar, categorizar e analisar quase seis centenas de matérias jornalísticas publicadas, além de usar outros métodos científicos para produzir seus observáveis de análise. Desse modo, com o livro *Ciberjornalismo de proximidade no interior paulista,* Marcelo Volpato nos brinda com um estudo bem fundamentado e resultados interessantes de uma pesquisa empírica sobre o jornalismo local na atualidade.

A questão local não é algo tão simples como pode parecer à primeira vista. Os conceitos indicam a transitoriedade de seus contornos diante de pseudofronteiras, pois o local está em relação com o regional, o nacional e o mundo, em especial, na era da globalização. Os meios de comunicação são a prova mais evidente desse fenômeno. Os assuntos desses vários âmbitos permeiam suas páginas, o som das emissoras de rádio e as telas, tanto das televisões quanto dos computadores e celulares. Contudo, às vezes o local chega quase a perder suas identidades até nos meios locais de comunicação diante de tantos apelos vindo de fora, cujo acesso é facilitado pela internet, agências de notícias e a grande mídia de referência. O estudo de Marcelo Volpato dá pistas nesse sentido ao revelar, por exemplo, que os jornais cujos conteúdos foram dissecados dedicam, em média, apenas 42,5% do seu enfoque jornalístico a assuntos locais e regionais, em contraposição a 40,8% àqueles de âmbito nacional e 16,7% para temas internacionais. Portanto, somados os temas nacionais e internacionais, os locais e regionais

---

1 Professora visitante do Programa de Pós-Graduação em Comunicação Social da Universidade do Estado do Rio de Janeiro. Coordenadora do Núcleo de Estudos de Comunicação Comunitária e Local - COMUNI

não alcançam nem a metade das temáticas da imprensa interiorana, pelo menos nos jornais estudados. Embora o estudo não permita generalizar seus resultados a todo o universo desse tipo de imprensa, ele tende a corresponder à uma realidade ampliada do fenômeno diante do uso das facilidades do "copie e cole" ou "grave e difunde", como estratégia de barateamento das operações empresariais.

É uma pena que esteja generalizando esse tipo de visão no fornecimento da informação jornalística, até em rádios comunitárias, pois o local é rico em potencial para atender a uma abordagem diferenciada de conteúdos desde que seja assumido como "vocação" ou como ambiente privilegiado para auscultar as problemáticas, realizações, visões e demandas da realidade, tanto em termos de prestação de serviços quanto envolvimento no sentido de um jornalismo cívico. Em outros termos, o jornalismo local poderia se reinventar valendo-se da proximidade social, política e afetiva por intermédio de vínculos efetivos com os leitores e audiências que poderiam participar mais efetivamente na elaboração de pautas, como fonte de informação e até na geração de conteúdos. Mas, enquanto os interesses dos empresários do setor estiverem restritos às visões tradicionais de desenvolvimento, ou seja, da modernização que tem como referência os grandes centros urbanos, o quadro apontado pela pesquisa do Marcelo não tende a mudar.

Por outro lado, fazendo jus a um dos objetivos da pesquisa, os resultados relativos à aderência dos jornais estudados aos recursos da internet e tecnologias móveis, são reveladores de uma situação, no mínimo inusitada, diante da visão que tem da onipresença das tecnologias digitais na mídia. Ao que parece, estar na internet, no caso dos jornais estudados, não significa a apropriação de toda a sua potencialidade. Em contraste com a disponibilização ampla de links de acesso por meio de dispositivos móveis, a incorporação do hipertexto é insignificante, na base de apenas 5,0% na média dos três jornais. Ou seja, 95,0% dos conteúdos não fornecem hiperlinks aos leitores como forma de fornecer visões complementares ou o aprofundamento de informações. Segundo o autor, a exploração dos recursos do digital parece ainda "engatinhar", na perspectiva de sua adoção como modelo de negócio, permanecendo os padrões do impresso e apenas transplantados para o ambiente online, além da estratégia de manutenção do sistema de venda em bancas e assinaturas das edições impressas.

O estudo sobre *Ciberjornalismo de proximidade e desenvolvimento* chega em momento oportuno e ajuda desmistificar visões uniformizadas da infalibilidade dos padrões digitais como "verdade" única, portanto, sem atentar para a diversidade social e mediática, em especial, nos interiores do país que é síntese de uma multiplicidade de características, histórias e identidades culturais.

Oxalá o local preserve suas especificidades e os meios de comunicação das diversas localidades saibam corresponder à realidade de cada uma delas, além de repensar a lógica do próprio jornalismo local. Será que a imprensa local seria capaz de incorporar os princípios do jornalismo cívico, aquele engajado em causas sócio-históricas de caráter comunitário e público, também no perfilhamento como modelo de negócio?

São Paulo, 21 de setembro de 2020.

INTRODUÇÃO

Desde o surgimento da internet, dos computadores pessoais e, mais recentemente, dos dispositivos móveis e redes de conexão sem fio, as tecnologias passaram a integrar o cotidiano e a vida de grande parte das pessoas, principalmente em grandes centros urbanos e metrópoles. Vivese uma constante transformação sociocomunicacional em que a tecnologia parece atuar de forma decisória nos diferentes setores da vida social. Interagese com o outro e com o mundo em um ambiente tecnicamente mediado principalmente por redes, pela internet, por dispositivos móveis etc., pelos quais também se produz significado e sentido. Dessa interação, nasceram outras formas de comunicação e modelos de produção, acesso e consumo de informação, uma vez que, na linguagem de Manuel Castells (2013), a comunicação digital é multimodal, isto é, permite, ao mesmo tempo, a conexão com redes *online* e *offline*.

Do ponto de vista da "indústria da informação", seja no jornalismo ou na comunicação de forma geral, reconfigurações e mutações também têm acontecido. O uso das redes, da internet e da tecnologia como um todo, tanto nos processos de produção noticiosa, como nos de consumo tem feito emergir novas possibilidades jornalísticas.

Na pesquisa acadêmica, nos últimos tempos, também tem crescido o interesse em se pesquisar a atuação da Internet no campo da Comunicação, tanto no Brasil quanto pelo mundo todo. Não à toa, o volume de estudos sobre o setor têm se avolumado, inclusive com enfoques a partir de diferentes áreas do Conhecimento, o que também evidencia sua característica multidisciplinar. Neste sentido, o cenário tem evoluído para situar o chamado "Internet Studies"[2] como um relevante campo de pesquisa, haja vista o surgimento de um foco para a teoria e a pesquisa sobre as implicações sociais e culturais no uso da Internet e das TICs.

Entretanto, o estudo da atuação desse fenômeno no jornalismo local e de proximidade ainda tem sido bastante incipiente, inclusive no Brasil. Duas relevantes exceções seriam, possivelmente, os trabalhos desenvolvidos por Xosé López Garcia (2018) e também por Pedro Jerónimo (2015).

O trabalho doutoral que deu origem a este livro, por sua vez, procura apreender quais as atuais práticas e processos de produção noticiosa dos jornais locais do interior paulista, principalmente quanto aos tipos e formatos de conteúdos, vocação de trabalho e recursos tecnológicos empregados. A pesquisa, portanto, considerou como eixo-norteador a seguinte pergunta: por que transformações passam e que modelos de conteúdo adotam os jornais do

---

[2] Ver mais sobre isso em Dutton (2013).

interior paulista ao avançarem do impresso para a Internet? E que perspectiva de desenvolvimento tem ecoado a partir de seus modelos de negócio e estratégias argumentativas sobre seu próprio papel nas localidades?

Partindo dos casos do Jornal da Cidade, de Bauru, do Cruzeiro do Sul, de Sorocaba, e do Correio Popular, de Campinas, o objetivo foi identificar e compreender o ciberjornalismo local e de proximidade, suas configurações em termos de produção e as transformações pelas quais passam os jornais do interior paulista, especialmente aqueles com produção regular de conteúdo para o ambiente *online*, além de apreender que tipo de desenvolvimento estes meios apregoam como foco de suas atuações. Para tanto, procurou-se: a) registrar a trajetória e o contexto de atuação dos jornais estudados; b) captar a estratégia e os tipos de conteúdos produzidos e publicados na versão *online* dos jornais pesquisados; c) compreender como tem acontecido a transição e o avanço para plataformas digitais; d) apreender se o modelo de negócio e a estrutura organizacional dos casos estudados se adequam às estratégias jornalísticas de proximidade, em uma era em que a digitalização, a instantaneidade e a mobilidade determinam o tipo de serviço e a qualidade demandados pelas audiências; e) por meio de seu foco editorial, entender por que tipo de desenvolvimento cada caso tem primado; f) entender se as estratégias e o modelo utilizados conseguem dar vazão às vozes do local e do entorno e em que medida favorecem sua participação.

As questões motivadoras e que também justificam a pesquisa doutoral que precedeu este livro se baseiam na experiência profissional do autor-pesquisador que, ainda durante os primeiros estágios, começou a atuar em meios de comunicação do interior paulista, tanto aqueles escritos como os falados. Já naquela época, foi possível observar um pouco das estruturas e modelos da imprensa interiorana. Desde então, seu interesse pela mídia não nacional cresceu, o que inclui o interesse científico, que começou pela TV TEM, afiliada da Rede Globo, na Graduação, passou por mais de vinte rádios comunitárias, no Mestrado, e chegou aos jornais *online*, no Doutorado.

O interesse, portanto, nunca foi só o de conhecer as tramas que envolvem o modo de trabalho desses veículos, mas também de poder analisá-las criteriosamente e metodologicamente, registrando e comparando com os conceitos e teorias existentes.

Além disso, como já falamos, o setor tem passado por transformações, muito por conta do novo contexto socioeconômico, mas também o tecnológico. Jornais do interior com anos de atuação buscam ampliar sua atuação para o ambiente *online*, outros acabam migrando sua atuação do papel para os *bytes*, enquanto que começam a pipocar casos estritamente digitais.

Nesse sentido, conceitualmente o ciberjornalismo de proximidade precisa ser melhor compreendido. O ambiente digital proporciona recursos, tanto para a produção e o monitoramento dos conteúdos e informações, como para interação entre a audiência e os meios. Entender de que maneira isso tem sido incorporado no cotidiano interiorano nos interessa e contribui para a relevância da pesquisa.

Também, se já demonstramos a importância comunicacional, social e cultural dos jornais do interior, ao comparar a tiragem de menos de duas dezenas desses veículos à circulação dos títulos de maior circulação[3], economicamente, o interior paulista também tem sua representatividade. Segundo dados da consultoria MB Associados (2007, *online*[4]), a região registrou um PIB de US$ 135,9 bilhões, em 2016, valor 12% maior que o do Chile, no mesmo período.

Por fim, foram três as hipóteses que balizaram esta pesquisa, com a finalidade de auxiliar seus rumos, caminhos e estratégias de investigação. A primeira delas ressaltava que as versões *online* dos jornais do interior paulista tendem a repercutir as mesmas estratégias e conteúdos do jornal impresso, com predominância para textos longos, de gênero informativo e formato noticioso, além de baixa apropriação de recursos digitais, tais como interatividade, hipertextualidade e multimidialidade. A segunda hipótese destacava que a gestão dos meios de comunicação tende a negligenciar as possibilidades existentes no que tange uma atuação que prime pelo desenvolvimento participativo e integral. A terceira hipótese observava que apesar da proximidade com seu entorno e, por isso, da melhor possibilidade de articulação local, os jornais do interior tendem a apresentar dificuldades em primar pela cobertura jornalística de suas localidades.

Estrutura do trabalho

O trabalho está dividido em quatro capítulos. Por meio desta estrutura procurou-se sistematizar, organizar e apresentar as informações, conceitos teórico-conceituais e dados empíricos colhidos durante os quatro anos de pesquisa doutoral (2015-2019). Esse conjunto nos possibilitou tecer tanto reflexões epistemológicas, teóricas, além de interpretações sobre o fenômeno dos jornais do interior paulista, bem como seus movimentos e transformações frente à presença da Internet no modo de produção jornalística em contexto regional e local.

O primeiro capítulo, "Contextos da Imprensa de Proximidade", pretende tecer uma discussão preliminar sobre alguns conceitos relativos ao jornalismo

---

3 Segundo dados da Associação Paulista de Jornais (APJ), 15 jornais do chamado interior paulista dão conta de uma tiragem diária equiparada à média de impressão dos títulos de maior circulação no país (CAMPOS, 2013, p. 236).

4 Dados de pesquisa publicados em http://g1.globo.com/Noticias/Economia/0,,AA1461196-5599,00.html

praticado em âmbito local e regional. Além disso, insere-se também essas questões no contexto atual, de avanço do jornalismo local e regional para a Internet, na iminência do chamado Ciberjornalismo de proximidade. Apesar de existirem diferentes termos para se referir a esse fenômeno, como jornalismo *online*, jornalismo digital, webjornalismo, jornalismo eletrônico, jornalismo em rede etc., cada qual com sua nuance, optou-se por privilegiar o "ciberjornalismo", principalmente por ser o mais usado entre os pesquisadores do tema, como, por exemplo, Xosé López Garcia (2008) e Pedro Jerónimo (2015).

Em "comunicação para o desenvolvimento", por sua vez, apresenta-se, também brevemente, as diferentes concepções sobre o conceito de desenvolvimento, evidenciando, principalmente suas diferentes perspectivas teóricas ao longo da história, mas, também, suas relações com o campo da comunicação. São ideias bastante complexas, mas que representam um embasamento importante na tentativa de se compreender o foco de trabalho a que cada jornal estudado tem se proposto.

No capítulo três, "o jornalismo no interior paulista", procurou-se apresentar um breve histórico da imprensa no interior paulista, e um perfil descritivo da trajetória de cada um dos três jornais estudados, o Jornal da Cidade, de Bauru, o Cruzeiro do Sul, de Sorocaba, e o Correio Popular, de Campinas. Além disso, o texto apresenta os resultados das análises dos 569 conteúdos publicados pelos sites dos jornais, nos três dias estudados. Por meio de gráficos, apresenta-se os itens estudados e analisados, por meio de três grandes categorias: a) Conteúdo Editorial; b) Uso das potencialidades da Internet; c) Conteúdo Publicitário.

Por fim, em "pistas para um diagnóstico: as limitações de um falso-local", o quarto capítulo oferece um melhor aprofundamento e análise de conjunto dos aspectos estudados nos três jornais. A ideia é estabelecer conexões entre os dados captados pela pesquisa empírica e os aspectos teóricos e conceituais que embasam o estudo. Ao contrário do capítulo anterior, esta parte não foca em trazer critérios estatisticamente construídos, mas, sim, em captar as tendências, processos e movimentos dos jornais do interior paulista, nesse momento de mudanças e transição para o digital.

Metodologia

Sabe-se que o estudo da Comunicação Social visto como um Campo ou um rebento das Ciências Sociais ainda é recente, principalmente se comparado às outras áreas do conhecimento. Por isso, mas também muito pelo fato de tangenciar outras disciplinas, a comunicação tem refletido seu caráter complexo e dialético.

Se por um lado esta transdisciplinaridade tem contribuído e proporcionado um olhar peculiar dos fenômenos sociais, fazendo com que seus pesquisadores recorram aos conceitos e teorias dos mais diversos campos, como a Geografia, a Matemática e a Biologia, do ponto de vista epistemológico, temos emprestado e adaptado procedimentos e técnicas de pesquisa dos outros saberes.

Não que esse conjunto de técnicas e conceitos não represente e evidencie a própria pluralidade social. Entretanto, nas teses de comunicação, parecem ser recorrentes a consequente despreocupação e inibição metodológicas, também refletidas no desconhecimento sobre as relações entre métodos e técnicas e até mesmo na ausência de explicitação metodológica, como identificaram, por exemplo, Lopes (2001, p. 101) e Rudiger (2002, p. 71).

É claro que a pesquisa é um ato humano e, portanto, "seus produtores são seres falíveis" (RICHARDSON, 2008, p. 15). Também nesse sentido parece caminhar o pensamento do mexicano Jorge González (2015, p. 317), ao chamar atenção para as diferenças entre a realidade "real" e a realidade "representada".

> Nada é aparentemente mais evidente do que "a realidade", todos sabemos que "aí está", independentemente de nós e do que dizem os cientistas.
>
> A ciência, como acreditam alguns, deve *adaptar-se* o mais precisamente à realidade para comprir com seu objetivo. Sem dúvida, mas além das ações de conhecimento que Piaget chama "pré-operatórias", que não envolvem estruturas de linguagem, mas apenas esquemas de ação que compartilhamos com todos os macacos, como humanos não podemos escapar de uma determinação que temos como espécie: não podemos conhecer a realidade, mas conhecemos objetos e isto só podemos fazer por meio de conceitos, através de mediadores linguísticos que aprendemos a utilizar com a linguagem no curso da vida.

Ainda assim, Isaac Epstein (2005, p. 15-17), ao discutir que o exercício da ciência também é o exercício do poder, aponta que a construção do conhecimento científico advém tanto de interpretações teóricas e dos fenômenos naturais, como também de indivíduos ou grupos. Portanto, "a ciência empírica é um discurso abstraído e construído a partir da complexidade do mundo fenomenal que envolve, a partir da constituição de um objeto científico, uma ruptura com o mundo 'vivido'" (EPSTEIN, 2005, p. 15).

Entretanto, a construção do conhecimento científico, caracterizada pela busca da essência, das razões, relações, ocorrências e encadeamentos de cada fenômeno, passa pelo "saber metódico" (RICHARDSON, 2008, p. 21), isto é, pelo uso do método, tido como o caminho utilizado para se chegar a um objetivo. Segundo Richardson (2008, p. 22), método é o caminho ou a maneira para chegar a determinado fim ou objetivo, distinguindo-se assim, do conceito de metodologia, que deriva do grego *méthodos* (caminho para chegar a um objetivo) + *logos* (conhecimento). Assim, a metodologia são os procedimentos e regras utilizadas para chegar a um objetivo. A metodologia são as regras estabelecidas para o método científico, por exemplo: a necessidade de observar, a necessidade de formular hipóteses, a elaboração de instrumentos etc.

Se pesquisa científica implica em método, este, por consequência, implica em procedimentos, técnicas e instrumentos, o que não são sinônimos. Como explica Santaella (2001, p. 148),

> Via de regra, os tipos de métodos são definidores dos tipos de pesquisa. Métodos incluem procedimentos, técnicas e instrumentos, mas não se confundem com eles, pois estes são partes do método. E cada uma das fases do método, o pesquisador deve usar certos recursos que se constituem em procedimentos técnicos, como seleção da amostra, construção dos instrumentos da pesquisa etc. A fase da análise e interpretação dos dados também implica técnicas próprias.

O método histórico-dialético

Nossa opção metodológica para a pesquisa está ancorada em aspectos do método histórico-dialético. Evidentemente, esta escolha não se dá ao acaso, mas porque, como tentamos demonstrar, acreditamos que os fenômenos sociais e, por conseguinte os comunicacionais, não se dão de forma isolada e nem estática, mas apresentam-se imbricados e interconectados a um contexto histórico-social. Sendo assim, estão em constante movimento e desenvolvimento, permeados por contradições internas[5]. Entre o positivismo, o estruturalismo e o materialismo dialético, na opinião de Richardson (2008, p. 54), essa última corrente epistemológica é a única que considera a história como um fator importante no desenvolvimento dos fenômenos, condição por nós considerada *sine qua non* para o objeto deste trabalho. Nosso compromisso é, portanto, de fazer um esforço no sentido de observar alguns dos elementos que configuram tal método, procurando demonstrar a complexidade e a dialética do fenômeno estudado.

De uma forma geral, há que se considerar que a concepção materialista, segundo a visão de Augusto Triviños (1987, p. 52), possui três características básicas de sustentação:

---

5   Como considera Richardson (2008, p. 46), são dois os princípios fundamentais do materialismo dialético: a) o da conexão universal dos objetos e fenômenos; b) o do movimento permanente e do desenvolvimento.

A primeira delas é a da *materialidade do mundo*, isto é, todos os fenômenos, objetos e processos que se realizam na realidade são materiais, que todos eles são, simplesmente, aspectos diferentes da *matéria em movimento*. A segunda peculiaridade do materialismo ressalta que a *matéria é anterior à consciência*. Isto significa reconhecer que a consciência é um reflexo da matéria, que esta existe objetivamente, que se constitui numa realidade objetiva. E, por último, o materialismo afirma que o *mundo é conhecível*. Esta fé na possibilidade que tem o homem de conhecer a realidade se desenvolve gradualmente.

Surgem, portanto, conforme o autor (TRIVIÑOS, 1987, p. 55), três categorias tidas como básicas do Materialismo Dialético: a matéria, a consciência e a prática social.

A matéria seria a realidade objetiva, incriada, indestrutível, eterna. Ou seja, ela possui a capacidade de existir para além da nossa consciência. E é esta independência desse mundo de objetos e fenômenos em relação à consciência do ser humano que se caracteriza como o ponto mais importante. Consciência, por sua vez, é uma propriedade da própria matéria – a do cérebro humano – que possui capacidade para refletir a realidade material. Por fim, a relação entre teoria e prática, pelo materialismo dialético, dá-se quando o homem consegue conectar teorias e conceitos com a realidade objetiva, sendo que esta última, a da prática social, é tida como processo e atividade transformadora, que conduzem e promovem a mudança do mundo (TRIVIÑOS, 1987, p. 56-64).

Ainda assim, o materialismo dialético também considera os preceitos da dialética, destacando o movimento, o contraditório, que vez ou outra se mostra como único e imutável, mas que logo se transforma em múltiplo e passageiro. Neste sentido, uma das ideias que mais se relacionam com tal corrente é a "importância da prática social como critério de verdade" (TRIVIÑOS, 1987, p. 51).

Nessa perspectiva, esta pesquisa se apoia na dialética porque pretende entender o fenômeno social em seu contexto e em sua complexidade, abarcando desde suas transformações históricas, a dinamicidade dos processos sociais e os elementos que os constituem. Como ressalta Minayo (2007, p. 108),

> a dialética refere-se ao método de abordagem da realidade, reconhecendo-a como processo histórico em seu peculiar dinamismo, provisoriedade e transformação. A dialética é a estratégia de apreensão e de compreensão da prática social empírica dos indivíduos em sociedade (nos grupos, classes e segmentos sociais), de realização da crítica das ideologias e das tentativas de articulação entre sujeito e objeto, ambos históricos.

Ainda sob essa postura de primar pela interconexão universal de objetos e fenômenos, Maria Immacolata (2016, p. 102) propõe um modelo metodológico que opera em rede e articula o campo da pesquisa em níveis e fases metodológicos, que se conectam e interpenetram, de forma dialética, entre si.

> O eixo paradigmático ou vertical é constituído por quatro níveis ou instâncias: 1) epistemológica, 2) teórica, 3) metódica e 4) técnica. O eixo sintagmático ou horizontal é organizado em 4 fases: 1) definição do objeto, 2) observação, 3) descrição e 4) interpretação. Cada fase é atravessada por cada um dos níveis e cada nível opera em função de cada uma das fases. Além disso, os níveis mantêm relações entre si e as fases também se remetem mutuamente, em movimentos verticais, de subida e descida (indução/dedução, graus de abstração/concreção) e de movimentos horizontais, de vai-e-vem, de progressão e de volta (construir o objeto, observá-lo, analisá-lo, retomando-o de diferentes maneiras).

Alinhada a essa proposta, esta pesquisa se ancora em aspectos do método histórico-dialético, pois visa apanhar e entender um fenômeno atual que passa por transformações e reelaborações, entre outros. Como salienta Godoy (1995a, p. 58), trata-se de "compreender os fenômenos segundo a perspectiva dos sujeitos, ou seja, dos participantes da situação em estudo". Não buscamos, portanto, tão somente, corroborar ou negar as hipóteses estabelecidas, mas partir de "questões ou focos de interesses amplos, que vão se tornando mais diretos e específicos no transcorrer da investigação" (GODOY, 1995a, p. 63).

Entende-se que a opção metodológica está intimamente ligada à natureza e ao tipo de questão que se pretende estudar. Na verdade, considera-se que o problema de pesquisa é que indica a metodologia adequada e não o contrário. Nesse mesmo sentido parecem caminhar os apontamentos de Richardson (2008, p. 79):

> A abordagem qualitativa de um problema, além de ser uma opção do investigador, justifica-se, sobretudo, por ser uma forma adequada para entender a natureza de um fenômeno social. Tanto assim é que existem problemas que podem ser investigados por meio de metodologia quantitativa, e há outros que exigem diferentes enfoques e, consequentemente, uma metodologia de conotação qualitativa.

Nesse sentido, parte-se da pesquisa bibliográfica. De certa forma, a técnica é entendida como um possível "planejamento global inicial" (STUMPF, 2005, p. 51) de uma pesquisa, capaz de recuperar e permitir apresentar, de forma sistematizada, todo o arcabouço conceitual e teórico encontrado e explorado, até então, pelo pesquisador, reunindo os desdobramentos conceituais dos autores consultados, mas, também, acrescentando análise e desdobramento próprios. Ou seja, configura-se também como um "conjunto de procedimentos que visa identificar informações bibliográficas, selecionar os documentos pertinentes ao tema estudado [...] para que sejam posteriormente utilizados na redação de um trabalho acadêmico", como explica Ida Stumpf (2005, p. 51). Parte-se, portanto, de discussões teórico-conceituais nacionais e internacionais sobre comunicação local e jornalismo de proximidade, além de tendências do chamado ciberjornalismo de proximidade. Além disso, oferece-se uma tentativa de recuperação dos desdobramentos e reelaborações acerca dos significados da palavra desenvolvimento, com vistas a um melhor entendimento sobre a "comunicação para o desenvolvimento".

Ainda, como uma pesquisa de caráter empírico, procura colocar-se em contato com os fenômenos, de forma a observá-los para entendê-los, traduzindo-os em informações mensuráveis e sistematizadas. Contudo, como explica Santaella (2001, p. 146), "uma vez que aquilo que é mais relevante não se manifesta à primeira vista, havendo, além do mais, muitas dimensões dos fenômenos que são refratárias à mensuração, a dedicação empírica não pode se restringir ao nível superficial, sempre mais fácil de ser mensurado".

Considera-se, então, a prática como lugar de conhecimento. E a práxis, ou seja, a matéria, quando observada, isto é, quando passa pela consciência humana, pode resultar em um conhecimento construído, estruturado para ser socializado.

Apoia-se em um tipo de estudo de casos múltiplos e de caráter explanatório, pois lida com questões "como" e "por que" e também por não se ter controle sobre os eventos comportamentais de um fenômeno contemporâneo. Além disso, para esta pesquisa, há necessidade de se trabalhar com ampla variedade de evidências, como documentos, entrevistas e observações que, para Yin (2005, p. 26), trata-se de um diferencial do estudo de caso. Por definição, para o autor (2005, p. 32-3), o estudo de caso

> é uma investigação empírica que investiga um fenômeno contemporâneo dentro de seu contexto da vida real, especialmente quando os limites entre o fenômeno e o contexto não estão claramente definidos. [...] A investigação de estudo de caso enfrenta uma situação tecnicamente única em que haverá muito mais variáveis de interesse do que pontos de dados, e, como resultado, baseia-se em várias fontes de evidências, com os dados precisando convergir em um formato de triângulo, e, como outro resultado beneficia-se do desenvolvimento prévio de proposições teóricas para conduzir a coleta e a análise de dados.

Como forma de primar pelo rigor, confiabilidade e validade da pesquisa[6], optou-se pelo "estudo de casos múltiplos". Os projetos de casos múltiplos resultam em evidências que "são consideradas mais convincentes, e o estudo global é visto, por conseguinte, como sendo mais robusto" (YIN, 2005, p. 68).

E já que a finalidade é estudar o contexto das transformações pelas quais passam os jornais do interior paulista com a atuação na Internet, pareceu-nos mais adequado debruçar sobre os casos do Jornal da Cidade, de Bauru, o Cruzeiro do Sul, de Sorocaba, e o Correio, de Campinas. Como veremos adiante, a escolha dos jornais se deu de forma intencional, a fim de oferecer melhor diversidade de análise, e a opção por trabalhar com três casos nos possibilitou comparações e conexões mais analíticas, construindo resultados mais consistentes, com melhores condições de apontar tendências gerais do setor.

Os procedimentos desta pesquisa

Para a primeira fase do estudo empírico, iniciou-se por um estudo exploratório com objetivo de se conhecer melhor os jornais do interior paulista e, assim, poder selecionar uma amostra que apresentasse certa consistência. Das 645 cidades do Estado de São Paulo, excluiu-se a Capital e também os 39 municípios considerados da Região Metropolitana de São Paulo. Dos municípios restantes (605), selecionou-se aqueles com população maior que 200 mil habitantes, totalizando 34 municípios. Optou-se por esse corte porque, segundo nossa análise, em cidades menores, os jornais tendiam a ser muito artesanais, o que prejudicaria alguns dos objetivos traçados para a pesquisa.

Sendo assim, nas cidades que se enquadravam nesse perfil, por meio de observação assistemática[7] do Guia de Mídia[8], foram encontrados 63 jornais ou *sites* que apresentavam produção jornalística recorrente e estruturada. Desses, foram eliminados aqueles que eram estritamente *online* ou que integravam uma rede ou conglomerado midiático, considerando, portanto, os jornais efetivamente de interior que nasceram em versão impressa e que já incorporaram a digital.

Buscando diversidade dos casos que comporiam o estudo e também evitando jornais com presença desestruturada no ambiente *online*, após esse estudo exploratório, optamos por uma amostra intencional[9] por tipicidade e

---

6   Ver Richardson (2008, p. 174-188).
7   Ver Richardson (2008, p. 261).
8   Trata-se de uma espécie de anuário online de mídia, de acesso aberto e gratuito e atualização constante e colaborativa. Disponível em: www.guiademidia.com.br.
9   Ver Richardson (2008, p. 161). Apesar de Campinas configurar-se como uma área metropolitana, a Região Metropolitana de Campinas, por outro lado, também é tida como interior paulista por distar quase 100 km

a escolha de três jornais, a saber: Correio Popular, de Campinas, Cruzeiro do Sul, de Sorocaba, e Jornal da Cidade, de Bauru. No caso, a intencionalidade da amostra teve por objetivo selecionar diferentes casos. A partir de uma análise preliminar, vimos o Correio como um jornal de abrangência mais regional e uma razoável presença no digital; o Cruzeiro como um jornal mais local e também uma inclinação a abarcar as potencialidades do digital e o Jornal da Cidade, por sua vez, com uma abrangência mais regional, mas com uma aparente menor inclinação ao digital, por conta de um *layout* de características mais analógicas.

Para a segunda fase da pesquisa empírica, foi desenvolvido o estudo dos casos selecionados, principalmente por meio de entrevistas semiestruturadas com os gestores dos veículos e análise de conteúdo das versões digitais dos jornais, como explicaremos adiante.

Técnica indicada para captação de informações a partir das experiências dos sujeitos envolvidos com o fenômeno estudado, a entrevista proporciona a coleta de dados qualitativos acerca da atuação dos gestores dos jornais. Procurou-se adotar a entrevista semiaberta como forma de explorar a visão dos entrevistados sobre o assunto, de modo a saber como as práticas de gestão da imprensa do interior são constituídas. Como bem pontuou Duarte (2005, p. 62), a entrevista semiaberta

> é um recurso metodológico que busca, com base em teorias e pressupostos definidos pelo investigador, recolher respostas a partir da experiência subjetiva de uma fonte, selecionada por deter informações que se deseja conhecer.

Portanto, por meio dessa técnica de pesquisa foi possível captar informações junto aos responsáveis pela gestão dos jornais a fim de identificar por quais motivações e com que objetivos aquele veículo trabalha a informação de proximidade. Como explica Duarte (2005, p. 64), esse tipo de entrevista se parece com uma "pseudoconversa realizada a partir de um quadro conceitual previamente caracterizado [...]".

Partiu-se de um roteiro[10] de pontos-guia, que se fundamenta e encontra respaldo no problema de pesquisa, e serve para nortear a entrevista, cujas questões foram formuladas no decorrer da conversa, de forma aleatória. As questões foram colocadas de forma aberta, pelo entrevistador, e das respostas

---

da Capital. Optou-se por sua inclusão como um dos casos, de forma intencional, justamente para ampliar a diversidade da amostra.

10   Uma versão deste roteiro encontra-se nos Anexos.

nasciam outros questionamentos. Somente quando o tema era esgotado é que o entrevistador partia para o outro tópico do roteiro.

Conjuga-se a essas técnicas mencionadas a análise de conteúdo das versões *online* do jornal. Como mostra Fonseca Júnior (2005, p. 284),

> Na análise de conteúdo, a inferência é considerada uma operação lógica destinada a extrair conhecimento sobre os aspectos latentes da mensagem analisada. Assim como o arqueólogo ou o detetive trabalham com vestígios, o analista trabalha com índices cuidadosamente postos em evidência, tirando partido do tratamento das mensagens que manipula, para inferir (deduzir de maneira lógica) conhecimentos sobre o emissor ou sobre o destinatário da comunicação.

Optou-se por uma ficha de análise personalizada especificamente para a análise de conteúdo desta pesquisa. Entretanto, essas estruturas e categorias foram construídas a partir de outras, utilizadas por outros autores. Como exemplo, cita-se aquela elaborada por pesquisadores do Núcleo de Convergência de Conteúdos do Projeto Laboratório de Jornalismo Convergente, da Faculdade de Comunicação da Universidade Federal da Bahia (UFBA)[11]. Serviram, ainda, como referência as fichas de análise de Jerónimo (2015), Deolindo (2016) e Nishiyama (2017).

Dividiu-se as categorias de análise em três pilares principais: a) conteúdo editorial; b) uso dos recursos e potencialidades do digital; c) publicitário. Dos três jornais, ao todo, 569 conteúdos jornalísticos foram analisados, a partir do total de conteúdos publicados em três dias de uma "semana construída": segunda-feira (15 de janeiro de 2018), terça-feira (23/01/2018), quarta-feira (31/01/2018), quinta-feira, (08/02/2018), sexta-feira (16/02/2018), sábado (24/02/2018) e domingo (04/03/2018). Destes, foram selecionados a terça (23/01/2018), a quinta (08/02/2018) e o domingo (04/03/2018).

Sobre o conteúdo editorial, observou-se aspectos como seu vínculo geográfico, cidade ou país abordado, origem da produção do conteúdo, assunto tratado, tipo de abordagem, gênero, formato, fonte ou personagem presente no texto[12]. Para análise do uso das potencialidades do digital, optou-se por trabalhar a partir das sete características apontadas por diferentes autores em obra proposta e organizada por João Canavilhas (2014): hipertextualidade, multimidialidade, interatividade, memória, instantaneidade, personalização

---

11 Disponível em: encurtador.com.br/giJKN
12 Nesse ponto, utiliza-se como suporte a categorização de fontes de Marcelo Kischinhevsky e Luãn Chagas (2017): a) oficiais: ocupantes de cargos públicos; b) empresariais: executivos, associações de setores comerciais; c) institucionais: organizações do terceiro setor, movimentos, sindicatos; d) testemunhais: personagem que presenciou um acontecimento com valor-notícia; e) populares: pessoa comum; f) especialistas: profissional com algum conhecimento técnico específico; g) notáveis: celebridades e artistas.

e ubiquidade. Por fim, descrevem-se aspectos relacionados aos conteúdos publicitários.

CAPÍTULO I
CONTEXTOS DA IMPRENSA DE PROXIMIDADE

O localismo como território dos jornais de interior

Historicamente, pode-se dizer que a comunicação local nasce par a par com a comunicação de massa (PERUZZO, 2005, p. 69), a exemplo das rádios de alto-falantes, carros de som, panfletos etc. Há que se imaginar que a intenção era de comunicar, colocar em comum a população local sobre acontecimentos, sobre sua realidade. Da mesma forma, os jornais do interior sempre deram preferência para os assuntos locais (DORNELLES, 2013. p. 70). Com o passar dos anos, os meios de comunicação foram se institucionalizando, com alguns, inclusive, buscando uma cobertura nacional e internacional.

Primeiramente, como uma reação à aparente desordem causada por força da internacionalização e globalização das comunicações, como prefere Castells (1999, p. 85), e agora, mais recentemente, incentivada pelas novas possibilidades criadas pelas tecnologias, a comunicação de proximidade parece entrar em novo contexto, tamanha a demanda por informações e conteúdos localistas de qualidade. Segundo dados do Pew Research Center (2013, p. 2), 74% dos usuários de *smartphones* adultos têm usado seus celulares para acessar informações baseadas em sua localização atual.

O local, a comunidade, a família, nossas raízes, nossas identidades, aquilo que nos é próximo, tendem a representar segurança e proteção em um mundo aparentemente instável e de proporções globais. São como oásis – abrigo e amparo em meio ao deserto.

Nos últimos tempos, com o avanço e a constante atuação das tecnologias móveis no cotidiano das pessoas, como dissemos, novas configurações e possibilidades têm surgido, inclusive no campo da comunicação digital e do que poderíamos chamar ciberjornalismo de proximidade.

É claro que a produção midiática obedece às delimitações territoriais que dizem respeito à capacidade de produção e distribuição das informações, além de sua estratégia de trabalho. Um veículo possui seu alcance delimitado pelo espaço referente à sua capacidade de abrangência, o que está intimamente ligado à sua estrutura técnica. É nesse espaço que uma empresa midiática atua. E por isso partimos da expressão anglo-saxônica lembrada por Milton Santos (1997, p. 17) *place counts*, isto é, o lugar tem importância. Ou seja, o lugar pode ser visto como fonte de significado.

Entretanto, limites geográficos demasiadamente implacáveis e inflexíveis acabam não correspondendo aos complexos contornos da vida social, atualmente. Como já procuramos demonstrar (PERUZZO; VOLPATO, 2009), as relações identitárias, de interesse e pertença não se limitam e nem se explicam apenas pela proximidade em metros. Nas palavras de Alain Bourdin (2001, p. 13), "a vizinhança, o bairro, a cidade ou a região urbana constituem pontos de referência relativamente estáveis, mas, conforme os contextos, estes níveis se definem diferentemente, e muitas coisas ou quase nada pode ocorrer aí".

Voltamos, portanto, ao geógrafo Milton Santos (1997, p. 132) para quem, apesar de inserido no contexto do século passado, já demonstrava um pensamento coerente com a complexidade vivida em nossos dias. Para ele, "a região pode ser considerada como um lugar, desde que a regra da unidade e da continuidade do acontecer histórico se verifique. E os lugares – veja-se o exemplo das cidades grandes – também podem ser regiões".

Também neste sentido, considerando que o local engloba desde aspectos técnicos como limites físicos como rios, oceanos, lagos, montanhas, mas também aqueles político-econômicos, socioculturais, históricos, de identidade e linguísticos, Bourdin (2001, p. 25), propõe pensar que

> a localidade às vezes não passa de uma circunscrição projetada por uma autoridade, em razão de princípios que vão desde a história a critérios puramente técnicos. Em outros casos, ela exprime a proximidade, o encontro diário, em outro ainda, a existência de um conjunto de especificidades sociais, culturais bem partilhadas...

O autor (2001, p. 25-57) também acredita que a vulgata localista pode ser apanhada em três dimensões, sendo: a) o local necessário, caracterizado pelo sentimento de pertença a um grupo; b) o local herdado, que se relaciona aos aspectos históricos e representa o peso que o passado pode ter sobre o presente; c) o local construído, tido como uma forma social de integração de ações e dos atores.

Ainda mais considerando que os conteúdos e fluxos midiáticos são geridos por empresas e conglomerados, a construção de um conceito de região que considere essa realidade também se faz importante. Foi Marques de Melo (2006, p. 17) quem procurou sistematizar esta ideia, considerando suas diferentes nuances:

> Tratamos de construir o conceito midiático de Região, definindo categorias metodologicamente balizadas pela correlação saussureana [...]: numa perspectiva diacrônica, consideramos o espaço político-cultural brasileiro; numa visão sincrônica, focalizamos os sistemas midiáticos nele operantes ou dele integrantes. Por mais que tenhamos concentrado o foco de análise nas peculiaridades comunicacionais do fenômeno, nunca deixamos de considerar sua complexidade orgânica, resultante de injunções de ordem política, cultural ou econômica.

Foi também Cicilia Peruzzo (2006, p. 145) que se preocupou em discutir as interconexões entre as dimensões espaciais, na tentativa de compreender sua forma relacional, a partir de uma ótica da comunicação. Para ela,

> Qualquer uma das dimensões de espaço só se realiza, sob o ponto de vista de suas fronteiras, ou melhor, das pseudofronteiras, se colocada em contraposição com o seu contrário. O local só existe enquanto tal, se tomado em relação ao regional, ao nacional ou ao universal. Na outra ponta, o global, como parâmetro de referência, precisa se tornar local para se realizar. Afinal, o ato de consumir é local. A indústria de tênis da marca "x" só aumenta seu faturamento se o calçado for consumido aqui e ali, ou seja, em localidades concretas.

Consideramos, portanto, que não existem territórios imutáveis e com demarcações absolutas, como já disseram Bourdin (2001) e Peruzzo (2006). Os contornos do local são efêmeros, transitórios, passíveis de mudanças e, muitas vezes, vagos. Assim, vales, montanhas, rios etc. tornam-se fronteiras relativas, que não dão conta de definir localidades.

Percebe-se que o local é um espaço que apresenta certa unidade e especificidade, mas que pode se modificar, como também se modificam seus fluxos, ou seja, possui características que podem ser transitórias: em dado momento apresenta uma unicidade, em outro momento, não mais. Na prática, a América Latina pode ser tomada como uma comunidade, localidade, região, continente. E os territórios, como bem poderia dizer Bauman (2001), também têm sua liquidez e apresenta certa fluidez.

A nosso ver, como já discutimos, proximidade física e territórios concretos não devem ser encarados como característica universal do local, já que, com a tecnologia e as redes de comunicação, é possível existir proximidade, mesmo a distâncias físicas, pois se fala até em "proximidade da identidade", já que os sentimentos de pertença e proximidade se originam dos laços de identidade, e não apenas por questões físico-geográficas, ainda mais quando estamos diante de fenômenos comunicacionais.

Como mostra López García (2008, p. 9-10),

Não podemos isolar o local de um tempo e de um contexto em que as interações mudam e, portanto, seus efeitos. O território ainda que siga influenciando nossa existência, nosso pensamento e nossa forma de ser, tampouco pode se isolar de referentes contextuais. Nossa identidade, que se constrói com interações múltiplas, constrói-se em função de um território, de alguns atores políticos, sociais e culturais, posses... O local, como conceito relacional, não pode ser isolado do território, mas nem tampouco da cultura o da psicologia, para citar algumas referências significativas.

Portanto, ao considerarmos as diferentes forças que atuam no atual contexto social, desde a tendência a um fluxo constante e global e à presença e atuação das tecnologias móveis e ubíquas, mas que permitem um cotidiano urbano de redes e conexões concomitantemente *online* e *offline*, não se percebe o fim das fronteiras ou dos territórios, mas, sim, da constituição de uma "nova gramática do espaço" (CAMPONEZ, 2002, p. 35). E é essa gramática que contribui para moldar a atividade e o exercício dos jornais de interior.

Seguindo este raciocínio, a noção de fronteira também parece se ressignificar. Pelo menos é o que tenta demonstrar Camponez (2002, p. 51), para quem também não faz mais sentido a oposição entre global e local. Para ele,

> A noção de fronteira subsiste. Mas o seu sentido é agora reforçado não tanto pela sua função delimitadora do espaço de intervenção dos Estados-Nação, mas dos territórios da exclusão. Estes, tal como os novos espaços da identidade, não estão necessariamente presos a um determinado território ou lugar, embora coexistam com eles. O local não é mais o polo oposto ao global porque o que se opõe à globalização não é o território, é a exclusão.

Além disso, pelas próprias características da vida urbana, inclusive pelos interesses, demandas e formas de participação dos indivíduos, pode-se se sentir próximo mesmo a uma distância física. Nesse sentido, convém, ainda, abordar dois erros que, segundo o autor (CAMPONEZ, 2002, p. 59), devem ser evitados na abordagem da questão global-local. O primeiro seria entender a globalização como um processo capaz de promover a homogeneização cultural de forma global. O segundo seria limitar o local às relações de face a face, em um território específico. Essa falsa antinomia teria a função ideológica de conter as tensões contraditórias do sistema mundial.

Na realidade, no âmago desta complexidade, há uma coexistência. Como demonstrou López García (2008, p. 16), "o global e o local coexistem na Sociedade Pós-industrial do momento atual, ora como entidades separadas, ora como entidades integradas de cuja adição resulta uma nova entidade: o glocal".

E nesse cenário de fronteiras tênues, cabe oportuna, ainda, uma reflexão sobre a comunidade. Embora, ao menos por um viés didático, esta esteja compreendida em um espaço local, assim como este último insere-se em um espaço regional, na comunidade, os laços e a relação de identidade e pertença são ainda mais fortes, podendo chegar, inclusive, a um maior engajamento participativo e solidário. Nesse mesmo raciocínio, procuramos demonstrar (PERUZZO; VOLPATO, 2009, p. 144) que

> entre as várias formas de agregação solidária, no contexto da mobilização popular no Brasil nas últimas décadas, estão aquelas de caráter comunitário inovador, capitaneadas por redes de movimentos sociais, associações comunitárias territoriais, associações de ajuda mútua, cooperativas populares, grupos religiosos, grupos étnicos, entre milhares de outras manifestações. Nesse nível, desenvolvem-se práticas coletivas e de organização comunitária, além de elementos de uma nova cultura política, na qual passa a existir a busca pela justiça social e participação do cidadão. Esse tipo de mobilização e articulação popular se diferencia das concepções tradicionais de comunidade porque constrói características comunitaristas inovadoras, e sem o sentido de perfeição atribuído àquelas.

Desta forma, como também já disseram, por exemplo, Cicilia Peruzzo (2006), López García (2008), Orlando Berti (2014), Claudia Silva (2014), Amy Schmitz Weiss (2013), Pedro Jerónimo (2015), Sonia Aguiar (2016) e Alexandra Nishiyama (2017), os cibermeios, tidos como os meios jornalísticos que fazem mediação entre acontecimentos, conteúdos e públicos, principalmente valendo-se de recursos como interatividade, hipertextualidade e multimidialidade, com atualização recorrente na Internet, possuem condições técnicas e potencial para atender aos diferentes tipos e níveis de demandas e interesses da proximidade, por parte dos públicos internautas. Independente do meio, seja *webradio*, *website*, *webtv* ou aplicativo para *smartphone*, como demonstraram os autores, é possível pertencer mesmo a uma maior distância geográfica.

E se todas as nuances e níveis dessa escala geográfica parecem complexos e imprecisos, negligenciá-los seria, ainda, assumir um caminho de insegurança e incerteza teórico-conceitual. É claro que o espaço e o contexto de atuação de um meio jornalístico atuam sobre seu modo de operação e, portanto, o fazer jornalismo no interior não deve ser percebido segundo os moldes – e em comparação – aos "costumes" da imprensa nacional. Em certa medida, lida-se com dimensões da cultura local ou, como prefere Martín-Barbero (2008), com a mediação de matrizes culturais, o que engendra e molda os *habitus*, e transcende modelos pré-concebidos, implicando em diversidade de pensares e de fazeres.

A tarefa de repensar os territórios passa, em princípio, por considerar sua hibridez, liquidez, fluidez e multidimensionalidade. Nas palavras de Bourdin (2001, p. 223), "a primeira exigência é considerar que o território total e imutável não existe e que a tentativa de defini-lo é suspeita de ideologia, sobretudo se ela se apresenta com uma pretensa frieza de cientificidade. Cada território local é parcial, transitório e vago".

O jornal de interior

"A imprensa interiorana é a voz jornalística da 'nossa cidade'". É assim que em 1962, Luiz Beltrão (2013, p. 23) já apontava o interesse do leitor, tanto pelas coisas que acontecem mundo afora, como pelos problemas que afligem sua região. Por isso, para ele (2013, p. 25), "o diário ou semanário regional presta um serviço que não pode ser prestado por algum outro instrumento da informação e da opinião pública". Ao mesmo tempo, por conta de um maior vínculo com seu entorno, "os jornais interioranos sempre foram, no Brasil, veículos de ideias, reivindicações e cultura das populações regionais" (BELTRÃO, 2013, p. 25).

Dando um salto de quinze anos, para uma outra obra que se tornou referência no assunto por seu pioneirismo, foi em 1977 que Wilson Bueno defendeu sua pesquisa de Mestrado analisando a dicotomia entre a imprensa industrial e a imprensa artesanal no Brasil. Em artigo mais recente, o autor (2013, p. 45) ainda ressalta a necessidade de se reconhecer três tipos básicos de jornais do interior: o local "quase artesanal", o local estruturado e o regional, cada qual com características diferentes quanto a estrutura, produto final e relações com a localidade em que está inserido.

Em seguida, mas defendendo um pensamento bastante parecido, Gastão Thomaz de Almeida (1983), também afirmava que os jornais do interior paulista mantinham mentalidade e produção artesanal, configurando-se, ainda, como publicitários governamentais porque tendiam a se aproximar do poder e a se distanciar dos anseios das comunidades.

Por outro lado, Beatriz Dornelles (2004, p. 132), ao pesquisar 14 jornais do interior do Rio Grande do Sul, percebeu que "os jornalistas do interior, para se sentirem realmente integrados à comunidade, uma exigência para a sobrevivência do jornal, buscam levantar, com regularidade, as condições peculiares e a evolução de suas comunidades".

Ainda buscando as características dos jornais do interior, Pedro Campos (2013, p. 233) aborda sobre o interesse e preferência dos leitores, ainda que com o avanço do ciberjornalismo, pelo jornal impresso. "Vendo-se e reconhecendo-se na maneira como o jornal trata os assuntos de interesse da comunidade, os leitores acabam adquirindo o 'hábito' de ler o jornal local, todos os dias, logo cedo, em casa, no vizinho ou no cabeleireiro" (CAMPOS, 2013, p. 233).

E se tomamos o interior como todo o território para além das regiões metropolitanas, mas que inclui o litoral e as áreas de fronteiras, percebemos que a

> imprensa do interior não se refere a toda e qualquer engrenagem midiática sita à parte interna do país, uma vez que isso inclui até mesmo as metrópoles e megalópoles nas quais se pratica um tipo de mídia hegemônico e submetido a padrões totalizadores. A manifestação de nosso objeto se dá, sim, na parte de dentro, mas das unidades federativas – como veremos a seguir –, em cidades de médio e pequeno porte, em oposição às suas capitais e às cidades que integram as regiões metropolitanas. Logo, as localidades que não se caracterizam como grandes territórios urbanos – e aí também podemos inserir os litorais e as zonas de fronteira (entre estados, entre nações) – é que, por conclusão, formam o locus em relevo; e é nele, naturalmente, que emerge o tipo de imprensa sobre o qual direcionamos nosso olhar (ASSIS, 2013, p. 2).

Basilar, portanto, seria tomar o jornalismo de interior não como aquele praticado em um espaço distante de um grande centro, por vezes artesanal ou produzido sem rigor jornalístico, que trata apenas assuntos de menor relevância e de circulação restrita, mas uma ideia que compreenda que seu padrão, rotinas e práticas obedecem ao contexto, espaço, dinâmica cultural e realidade em que este se insere.

Mais do que um espaço de fluxo de informações, estamos falando do fluxo de conteúdo simbólico e mediado. Como também mostra Roberto Oliveira (2013, p. 116),

> o espaço é também modulado pelas técnicas que comandam a tipologia e a funcionalidade dos deslocamentos. Processos produtivos são territorializados seguindo a lógica do espaço funcional, da ação: são localizados e adequados ao lugar. As extensões pressupõem circulação. Produção e circulação – inclusive de informações e conteúdos simbólicos – são fazeres coadjuvantes na modificação do espaço.

Trata-se de um jornalismo, portanto, que trata os temas das mais diferentes naturezas, mas está mais aberto e apto a tratar as questões que dizem respeito à sua audiência. Nas palavras de Dornelles (2004, p. 132),

Esse tipo de jornalismo do Interior é muito mais comportamental do que estrutural. Estabelece-se de acordo com a política de vizinhança, a solidariedade, o coletivismo, os valores, a moral, a fé religiosa, o respeito humano e a cultura de pequenas populações, sobressaindo-se, por exemplo, o bairrismo e a solidariedade entre os moradores, mas segue as mesmas normas e definições básicas da teoria que estabelece a prática do jornalismo informativo, assim como seu Código de Ética.

Assim, considera-se que não exista um único padrão de jornalismo praticado no interior, nem que se trata de um fenômeno de pequenas proporções, uma vez que é ele que se vê imbricado na produção simbólica do território em questão. Contudo, reconhece-se, inclusive que os jornais do interior, por mais que nem sempre integrem uma rede ou conglomerado midiático, constituem-se como empresa (BUENO, 2013, p. 47), muitas vezes comprometidas com o poder público local (COSTA, 2005; PERUZZO, 2005, p. 78; AGUIAR, 2016, p. 35).

O jornal local

No Brasil, a mídia local é caracterizada por operar na perspectiva comercial, como corporações ou pequenas empresas, em uma lógica de rentabilidade econômica. Nesse sentido, tende a reproduzir a lógica da imprensa nacional no que tange à gestão, aos jogos de interesse e às estratégias de captação de recursos (PERUZZO, 2006, p. 151), mas a veicular um conteúdo relacionado às especificidades locais, além de informações nacionais e internacionais.

Outras tendências principais da mídia local, apontadas por autores como Peruzzo (2006), López García (2000; 2002) e Camponez (2002) são veicular conteúdo baseado em informações internacionais, nacionais e locais; ter os comprometimentos político-econômicos mais evidentes; ter o lucro como objetivo principal; pode se utilizar de algumas estratégias da mídia comunitária, como forma de promover a credibilidade, mas visando a êxitos mercadológicos; ter a gestão e o planejamento sob o comando de uma cúpula organizacional.

Segundo Camponez (2002, p. 107), "basta ver a que região se reporta a maioria dos textos nele publicados, para rapidamente se constatar que é aquela em que está instalada a sede do respectivo órgão de informação". É ele que recorre a Ringlet (*apud* CAMPONEZ, 2002, p. 101-2) para uma classificação sobre a diversidade de características na imprensa local, a saber: "verdadeiro local", "semi-local", "local comprometido" ou "engajado" e o "falso local".

O "verdadeiro local" é o local esmiuçado, isto é, detalhado; apoiado sobre uma política editorial que cria uma tática de ocupação do terreno. Pode possuir uma tendência mais sensacionalista ou popular, caracterizada pela forma como recorre aos efeitos gráficos, à paginação e quanto ao conteúdo tende destacar informações de serviços, *fait-divers*. Apesar de um abundante recurso às fotos, são os textos que preenchem parte significativa do jornal, além de apresentar títulos pequenos.

Já o "semi-local" seria o local hesitante, incerto no qual o jornal integra-se na lógica comercial, de busca de públicos mais diversificados, do que uma verdadeira vocação local/regional. O público é sobretudo nacional e, por isso, a informação local está subordinada ao restante de conteúdo. São jornais que criam cadernos ou seções para a informação local/regional.

Por "local comprometido" ou "engajado", na perspectiva de Ringlet, compreende-se a imprensa partidária ou sindical, alternativa, centrada na discussão de temas sobre a realidade econômica e social e não preocupada em um alinhamento político-partidário.

Finalmente, "o falso local" está mais preocupado em vender a sua manchete do que propriamente com o seu local.

A mídia local, então, configura-se como empresa midiática e se insere na esfera mercadológica por visar o lucro por meio da captação de recursos provenientes de publicidade e de outros contratos como matérias pagas, publicação de *press releases* e prestações de serviços para as instâncias do poder público e privado. Dessa tendência resultam alinhamentos político-editoriais aos grupos em exercício do poder local e regional, o que compromete a autonomia e a qualidade da informação.

Outra característica da mídia local seriam as limitações de ordem tecnológica e profissional. Em alguns casos, nota-se a tendência à ausência de mão de obra qualificada e de infraestrutura adequada para cobertura jornalística do local ou região.

Na tentativa de demonstrar a diversidade das características da mídia local e enriquecer a taxionomia apresentada por Ringlet (*apud* CAMPONEZ, 2002) recorremos ao estudo dos seis subgrupos da mídia local apresentados por Beatriz Dornelles (2006).

O primeiro grupo é o idealista, com fins sociais, preocupado com a inclusão dos excluídos, preocupado em promover a cidadania e a participação popular com a inclusão da pluralidade cultural local, intercâmbio de saberes e a disseminação da prática da solidariedade e da cooperação em favor de uma sociedade igualitária.

Classificado como "mercenário da comunicação", o segundo grupo se refere aos veículos não preocupados com questões sociais, nem com qualidade de informação, muito menos com a cidadania. Trata-se de um grupo preocupado na comercialização de anúncios e quanto mais vender, não importa o que, melhor. Nesse grupo, profissionais de outras áreas que acabaram no ramo pela competência em comercialização é que ocupam as funções de jornalistas.

Já o terceiro grupo é composto pelos veículos que reproduzem, em menor escala, as práticas administrativas e editoriais dos grandes jornais brasileiros. Tendem a veicular um discurso de se manterem imparciais e neutros e argumentam que seu trabalho é informar o que acontece na região.

Os jornais de bairro, sem fins lucrativos, representados por associações de moradores, preocupados em difundir os acontecimentos do bairro, fortalecer as reivindicações da região, disseminar a cultura local, as artes, as problemáticas etc., e com a cidadania e a participação direta dos moradores do bairro na produção e gestão do veículo se enquadram no quarto grupo.

Ainda há o quinto grupo que pratica um jornalismo alternativo, de contestação às instâncias municipal, estadual e federal do poder. Difundem-se aqui as ações negativas dos grupos em exercício do poder e sua omissão frente aos problemas da comunidade.

Por fim, o sexto grupo é integrado pelos veículos totalmente político-partidários. Mantém o jornal apenas para fins eleitoreiros. Nos anos em que não há eleição, o jornal publica quaisquer informações, geralmente copiadas de sítios da Internet ou de outros veículos. Não existe qualquer preocupação jornalística e muito menos com a promoção de benefícios e desenvolvimento do local. Em alguns casos, o diretor do jornal aspira a cargos políticos e utiliza o jornal para propagar ideias político-partidárias fazendo, inclusive, campanhas políticas abertas às épocas das eleições.

Diante do exposto, seria de supor que o jornalismo local retratasse os diversos aspectos da região em que se insere. Entretanto, Peruzzo (2005, p. 81) ressalta que na prática algumas tendências são reveladas. Além do comprometimento da informação de qualidade pelos laços políticos travados entre os jornais e os detentores do poder local, "a concessão de primazia às fontes oficiais, a importância dada ao 'jornalismo declaratório', o aproveitamento intencional e acrítico de releases e a ligação política e político-partidária vêm comprometendo a qualidade da informação em jornais de capitais e cidades do interior".

Outra tendência, segundo Peruzzo (2005, p. 81), seria a falta de apuração das informações e a falta de cobertura de acontecimentos o que se deve "a uma estrutura de produção pequena, com poucos profissionais e, às vezes, até despreparados para o exercício do jornalismo". Nesse sentido, tendem a reproduzir a grande mídia no que tange à gestão, ao modelo de negócios baseado em anúncios, mas primam por veicular um conteúdo relacionado às especificidades locais, além de informações nacionais e internacionais. Para López García (2000, p. 112),

> Neste novo contexto, muitos dados apontam que para se ter êxito no hiper--setor da comunicação precisa-se combinar adequadamente os aspectos macro e micro. [...] Isto quer dizer que a mídia local, sem abandonar sua

atenção à informação de proximidade e aos traços de identidade, deverão implantar novas alianças tanto com mídias tradicionais quanto com as novas mídias. E, sobretudo, terão que aproveitar as possibilidades de produzir bens e serviços que ofereçam tecnologias atuais, especialmente mediante a internet, para manter a identidade em uma sociedade global.

O jornal local se define, portanto, por diferentes fatores. Contudo, ainda assim, alguns deles parecem mais evidentes, na opinião de Camponez (2002, p. 108), como o espaço geográfico de implantação, a produção e apreensão dos acontecimentos, o espaço da difusão privilegiada e estratégica, os conteúdos compartilhados, a informação disponível e a seleção do ou dos públicos.

Além disso, a viabilidade da implantação de um jornal local depende também das condições de captação de recursos publicitários e da capacidade de se trabalhar com a informação de proximidade como um negócio lucrativo. Tanto por isso, vê-se que esse tipo de veículo se instala em localidades estrategicamente escolhidas para ali construírem um bloco geoestratégico, exercendo suas relações com as instâncias de poder político, social, econômico e cultural – públicos, anunciantes e outras instituições.

Além disso, são jornais que prioritariamente tratam dos fatos locais, tendo a informação local como aquela que "cobre a vida de um bairro urbano ou de uma associação bem determinada e aquela que cobre as cidades de menor dimensão, cantões, comunas e aldeias do interior do país, em suma, tudo o que está claramente localizado do ponto de vista geográfico ou sociológico" (GRITTI *apud* CAMPONEZ, 2002, p. 109).

O jornal de proximidade

Diante das principais tendências da mídia local, observa-se que a ideia de "proximidade" é uma de suas principais características, já que se relaciona com aquilo que é familiar, com o que existe relação de identificação e que integra o dia a dia.

A proximidade, então, relaciona-se com os sentimentos de vizinhança e de pertença e, talvez, por isso, esteja associada à noção de "autêntico", em contraposição ao distante. A mídia local possui essa potencialidade de tratar de assuntos e temas relevantes e que dizem respeito a determinada localidade, ou seja, à possibilidade de desenvolver um jornalismo de proximidade no qual se evidenciam "ligação, sintonia e compromisso com o mundo vivido pelos receptores" (PERUZZO, 2003, p. 80). De toda forma, "o próximo em jornalismo é também a representação que o *médium* faz do seu território e, consequentemente, dos destinatários das suas mensagens [...] [até, inclusive, das] estratégias empresariais com o objetivo de conseguirem a fidelização dos públicos" (CAMPONEZ, 2002, p. 113).

Foi neste sentido que Carlos Camponez (2002, p. 114-115), um dos precursores no assunto, apontou que essa redescoberta do jornalismo de proximidade também poderia se configurar uma estratégia – evidenciada muito mais na mídia local – para recuperar os públicos que estão afastados, por algum motivo, dos grandes meios de comunicação e, assim, torná-los seus espectadores. Para ele (CAMPONEZ, 2002, p. 115),

> o mercado da proximidade, à medida que a concorrência entre os grandes títulos nacionais se acentua, surge como uma alternativa, num contexto mediático cada vez mais exigente em termos financeiros e onde só os grandes parecem ter lugar.

Até mesmo como um dos valores-notícia, a proximidade é apontada por Teun van Dijk (*apud* CAMPONEZ, 2002, p. 116). Ao lado de noções como novidade, atualidade, pressuposição, consonância, relevância e negatividade, a proximidade aqui pode ser ideológica e local, segundo o autor. A proximidade ideológica seria aquela que resulta dos critérios gerais de consonância e a proximidade local inclui a pressuposição de conhecimentos adquiridos.

Ainda nos escritos do autor, Orlando Raimundo (*apud* CAMPONEZ, 2002, p. 117) afirma que a lei da proximidade em jornalismo surge da "preocupação de conquistar as boas graças do público, através da criação de invisíveis cadeias de cumplicidade". Para ele, a proximidade se desenvolve em quatro vertentes: geográfica, temporal, psicoafetiva e social. A proximidade geográfica se relaciona ao acontecimento da nossa rua, do bairro, e alarga-se à região, ao país... A temporal é a distância do leitor em relação ao momento em que se deu o acontecimento (ontem, hoje, amanhã, na História). Por fim, a psicoafetiva e social integra valores como sexo, vida e morte, segurança, dinheiro e destino. Esta última seria a preferência da imprensa sensacionalista.

Observamos, isso posto, que a noção de proximidade para o jornalismo se dá de forma complexa e remete a geometrias variáveis ligadas muito mais aos conceitos de familiaridade e pela singularidade da localidade do que por limitações físicas, apesar desses últimos assumirem importância significativa. Essa geometria variável "é mais uma geometria da identidade – com tudo o que isso implica de criação e recriação – do que uma identidade geográfica [...] [uma vez que] a proximidade já não se mede em metros" (CAMPONEZ, 2002, p. 128-129) e a noção de proximidade pode ser observada até mesmo em "conteúdos que, embora longe de nossas casas, nos são próximos" (p. 129).

Seguindo esse raciocínio, parece-nos coerente afirmar que os públicos são o resultado de laços de proximidade, sejam geográficos, psicoafetivos, sociais ou temporais (CAMPONEZ, 2002, 118) e que "a busca de audiências e a fidelização dos leitores leva, inexoravelmente, a uma procura deliberada de laços de proximidade entre os centros produtores de mensagens e os seus públicos".

E, se como quer o autor, o local não se opõe ao global porque é a exclusão o pólo oposto à globalização, no mesmo sentido, é o local que se configura enquanto lugar de resistência. Para ele (CAMPONEZ, 2002, p. 28-29),

> esta ideia do local enquanto lugar de resistência mergulha as suas raízes nas especificidades culturais, geradas num caldo de fortes relações de proximidade entre indivíduos que se conhecem e reconhecem numa comunidade. Neste contexto, o território emerge como onisciência e onipresença, quer enquanto espaço de identidade, de residência, de referência, e de resistência, quer como um ideal ou uma terra prometida.

Em outras palavras, estamos diante de manifestações sociocomunicativas que podem, de acordo com seus objetivos, também se aproximar da comunicação comunitária popular e alternativa, porque manifesta um interesse emancipador.

Entendemos, portanto, como Cicilia Peruzzo (2005, p. 81), por

> informação de proximidade aquela que expressa as especificidades de uma dada localidade, que retrate, portanto, os acontecimentos orgânicos a uma determinada região e seja capaz de ouvir e externar os diferentes pontos de vista, principalmente a partir dos cidadãos, das organizações e dos diferentes segmentos sociais. Enfim, a mídia de proximidade caracteriza-se por vínculos de pertença, enraizados na vivência e refletidos num compromisso com o lugar e com a informação de qualidade e não apenas com as forças políticas e econômicas no exercício do poder.

O jornalismo de proximidade é aquele, portanto, que tem um maior potencial para trabalhar os fatos de seu entorno, oferecendo um tratamento mais aproximado. Os próprios jornalistas tendem a apresentar maior identificação com o que acontece por ali porque, muitas vezes, também convivem e compartilham da mesma cultura e dos mesmos sentidos que seus leitores. Portanto, não há muito espaço para o sensacionalismo, tanto porque conseguem extrapolar reducionismos[13], quanto porque a própria audiência o rejeitaria, como também defende Bueno (2013, p. 59). Em analogia, os jornalistas destes meios são profissionais que, na verdade, atuam como músicos que executam valsas populares (CAMPONEZ, 2002, p. 127).

---

13 Em linhas gerais, é o termo filosófico utilizado para teorias e linhas de pensamento que consideram que todo objeto ou fenômeno complexo pode ser sempre reduzido e expressos de forma simplista e, na maior parte das vezes, baseadas em generalizações.

Assim como o espaço e o território se apresentam como um dos elementos que explicam a mídia de proximidade, mas não são os únicos para tal, a noção de proximidade parece transpor o jornalismo local. Além de compor os critérios e valores-notícia intrínsecos ao jornalismo no geral, ela também tem sido um recurso e uma estratégia editorial com objetivo de fidelização de públicos, frequentemente utilizados, inclusive, pela imprensa nacional. Veja-se, por exemplo, o caso das afiliadas da Rede Globo ou, ainda, das seções regionais em portais como o G1. O que acontece é que, em uma realidade localista, de partilha de um mesmo cotidiano, há um compromisso editorial e comunicacional com essa "comunidade". "É essa vivência comum que determina as temáticas e as áreas de interesse que serão, tendencialmente, objeto do tratamento da imprensa regional e local", como explica Camponez (2002, p. 125).

E essa proximidade não se limita apenas à questão geográfica ou de interesse, tampouco a uma abstração teórica. Na prática, ela também tem a ver com o dia a dia dos leitores, no atendimento das necessidades e demandas da vida social. Portanto, nas palavras do autor (2002, p. 119), "a proximidade tem a ver também com as realidades sociais que nos rodeiam, os serviços de que dispomos a nossa vila ou aldeia. E essa realidade só pode ser apreendida pela imprensa local e por uma abordagem bastante segmentada dos públicos".

E, ainda que estejamos considerando uma dimensão municipal, entre--bairros ou mesmo inter-municipal, e não em realidade comunitarista idealizada, esse cotidiano implica em certa cooperação. Como aponta Bourdin (2001, p. 222), "viver junto é também cooperar para construir a vida diária, e esse conviver passa pelos serviços. Uma localidade é uma estrutura de serviços, e a gestão local deve se preocupar em coordenar, organizar a oferta de serviços e os dispositivos que permitam a expressão dos usuários". E é óbvio que os jornais de proximidade, que pretendem atender uma demanda local, configuram-se como importantes instrumentos para tal.

Ciberjornalismo de proximidade

Nos últimos tempos, as tecnologias digitais trouxeram novas configurações e possibilidades para as comunicações, inclusive para que as organizações de mídia trouxessem a informação para mais próximo do leitor. Já não faz mais sentido considerar a ideia de um processo noticioso em formato linear e fechado (BERTOCCHI, 2013), assim como não se pode desconsiderar as implicações do uso das tecnologias móveis na prática jornalística (SILVA, 2013), nem tampouco ignorar o advento da web semântica, dos algoritmos (SAAD CORRÊA; BERTOCCHI, 2012) e de novos formatos e textos digitais nesse cenário.

Novas perspectivas, portanto, surgem para o jornalismo de proximidade, inclusive, na emergência de conceitos como ciberjornalismo de proximidade, jornalismo locativo, jornalismo espacial e o hiperlocal, principalmente ao se considerar e levar em conta o crescente uso de *smartphones* e suas redes de conexões ubíquas à Internet.

De início, conforme as ideias de Xosé López García (2008, p. 64), entendemos o cibermeio local como

> aquele emissor de conteúdos sobre a entidade local que tem a vontade de mediar entre os fatos e o público, utiliza principalmente técnicas e critérios jornalísticos, usa linguagem multimídia, é interativo e hipertextual, atualiza-se e é publicado na Internet. Nesta abordagem, a "entidade local" é o que existe ou pode existir em um lugar – em um espaço e um tempo determinados – e para uma comunidade, definida em termos de identidade compartilhada e a partir da relação "segurança-liberdade".

Mais recentemente, foi o português Pedro Jerónimo (2015) quem se debruçou sobre três casos de ciberjornais de proximidade de seu país. Com foco nos meios Reconquista.pt, OMirante.pt e RegiaoDeLeiria.pt, além de um estudo prévio sobre a cronologia dos jornais regionais portugueses, o autor conclui que as potencialidades trazidas pela Internet ainda são subutilizadas, principalmente como recurso de suporte ao conteúdo, mas também nas atividades e práticas jornalísticas. Segundo ele (2015, p. 473),

> O percurso do ciberjornalismo de proximidade em Portugal é marcado por práticas primitivas, que resultam dos recursos existentes nas redações, de uma cultura assente na prioridade de produção para o meio tradicional e do investimento feito por parte das empresas. A internet é cada vez mais usada na imprensa regional, porém, sobretudo em rotinas relacionadas com a pesquisa e a comunicação.

Mas quando avançamos para o conteúdo de proximidade em mobilidade, foi Amy Schmitz Weiss (2013, 2014) que percebeu que a ideia de localização assume uma conotação diferente na era digital e o quanto as tecnologias móveis criam novas possibilidades para que instituições de mídia tragam a notícia para mais perto do consumidor. Por isso, a autora propõe uma discussão de um cenário que preferiu chamar de "jornalismo espacial". Para Amy,

> o jornalismo espacial oferece uma oportunidade para explorar como estes mundos de serviços geolocalizados, tecnologia móvel e informação podem

formar uma união poderosa na compreensão do fenômeno da comunicação atualmente. Ele pode ajudar a quebrar os componentes do que representa notícia e informação para os indivíduos, como eles interagem com elas por meio dos serviços geolocalizados que usam, o tipo de localização com que eles se identificam e como o dispositivo móvel traz tudo isso junto (SCHMITZ WEISS, 2014, p. 10).

Desse ponto de partida, a autora propõe pensar o jornalismo espacial não somente sob o ângulo das práticas jornalísticas dentro das redações, mas também incorporando aspectos do próprio jornalismo, desde a produção de conteúdo até o consumo de notícias. Neste sentido, o jornalismo espacial, então, poderia ser visto como "os tipos de informação que incorporam um lugar, espaço e/ou localização (física, aumentada e virtual) para o processo e a prática do jornalismo. Localização, nesse contexto, pode ser uma localização relativa e/ou absoluta" (SCHMITZ WEISS, 2014, p. 10).

Ainda assim, Pedro Jerónimo (2013, p. 381), a partir da realidade portuguesa, encontrou que os jornais de proximidade no *mobile* também tendem a reproduzir os mesmos conteúdos entre seus diferentes suportes (papel, digital e mobile), com predomínio de textos, algumas imagens e raros recursos de hipertextualidade e multimedialidade.

Apesar dessas e outras dificuldades e desafios pelos quais passa o setor, a informação de proximidade parece transcender os meios locais, tendo encontrado nas tecnologias em rede e na Internet, um espaço promissor e com possibilidades ampliadas. Como bem pontuou López García (2000), ainda no final do século passado, a informação do futuro é aquela que se escreve com L de local. Também um indicativo para essa hipótese do autor, além do interesse e da demanda por conteúdos relacionados a locais mais próximos, por parte de usuários de *smartphones*, seria a abordagem da informação local por meios "supra-locais"[14].

Nesse sentido,

> as tecnologias atuais não só tem multiplicado os espaços locais de comunicação, mas também incrementado a complexidade comunicativa no âmbito local. Portanto, por trás do interesse dos grandes grupos pelo local, com suas diferentes estratégias comerciais, todos os esforços para distinguir entre comunicação local e comunicação de proximidade, que até agora utilizamos indistintamente, será útil para entender melhor a importância da informação local, seu funcionamento e seu papel na sociedade do terceiro milênio (LÓPEZ GARCÍA, 2008, p. 34).

---

14 Além dos casos de emissoras de TV regionais afiliadas a redes nacionais, para exemplificar tal tendência em cibermeios, poder-se-ia citar a expansão no tratamento de conteúdos regionais e locais, por parte do G1 (g1.globo.com), portal de notícias mantido pela Rede Globo.

Assim, como já disseram tantos outros, a comunicação de proximidade já não pode mais ser definida única e exclusivamente pela abrangência de sua difusão editorial, mas pela lógica e interesse assumidos como foco de trabalho, por seus conteúdos e a forma com que eles refletem os problemas e a realidade vivida tanto pelas pessoas que compartilham daquele mesmo território espaço-temporal, mas também por aquelas que, apesar de estarem fora desses territórios, ainda se sentem parte deles. Pelas redes, é possível consumir conteúdos relacionados a determinada localidade, estando em qualquer espaço do mundo.

A comunicação de proximidade, portanto, não se define apenas por sua dimensão geográfica, econômica ou administrativa, mas, inclusive, pela social. Configura-se, portanto, como sistema de poder e de linguagem, evidenciando sua característica plural, fluida e interdisciplinar. Como explica Masella Lopes (2007, p. 153),

> O espaço não está nas coisas, mas na relação que estabelecemos com as coisas. Os mapas geográficos não definem uma espacialidade senão aquela que imputamos através de uma ordem seja esta política, etnográfica ou topográfica. Da mesma forma, a comunicação não pode ser circunscrita a um único mapa, porque não está sujeita a uma única gramática que lhe designe o que é. Já que há várias ordens, falemos, portanto, em vários mapas.

Por se tratar de algo complexo e dialético, como realmente se apresentam os fenômenos sociais, o conteúdo mediado pelos cibermeios de proximidade apresentam características próprias inerentes à sua realidade social, que, por sua vez, também considera os modos e condições de produção. Portanto,

> A informação local do terceiro milênio tem que ser uma informação de qualidade, plural, participativa, imaginativa, que explique o que acontece na área onde se encontra o meio, a área para quem informa e que conte o que afeta e interessa os habitantes desse âmbito, inclusive, quando é produzido fora dele. A informação local do terceiro milênio deve promover a experimentação e converter os cenários de proximidade em lugares de comunicação eficiente e lugares de onde possam ser exportadas novas linguagens e formatos para a comunicação mundial (LÓPEZ GARCÍA, 2008, p. 34).

Além disso, há uma multiplicidade de formatos e características dos jornais *online* no interior. Como mostra Dornelles (2013, p. 78-79), há várias situações, como jornais exclusivamente produzidos para internet; jornais que disponibilizam a versão impressa on-line, sem acréscimo de nenhum outro recurso gráfico; jornais com atualização em tempo real, via Twitter e G1; jornais com atualizações diárias por meio de outros sites; jornais contendo vídeos das notícias, postados no YouTube; jornais com diferentes formas de interatividade, isto é, com destacado espaço de participação do público, embora a maioria ainda não tenha desenvolvido a cultura de interagir com seus leitores.

Ultimamente, há, ainda, a emergência do chamado jornalismo hiperlocal, que tende a se dar em publicações *online*, mas que não se limita a ela. Refere-se a um conteúdo relacionado à realidade de uma determinada área, geralmente aquela onde o internauta está, como um crime que acaba de acontecer a duas quadras dali, uma novidade no menu de um restaurante na rua ao lado ou, ainda, um acidente de trânsito. É o caso, por exemplo, do EveryBlock[15], que funciona em algumas cidades dos Estados Unidos, e reúne diversos conteúdos sobre a vizinhança, desde mensagens trocadas pelos vizinhos até dados estatísticos sobre o crime no bairro.

Além disso, com o crescente uso de *smartphone* e seus artefatos sensíveis à posição geográfica do usuário, novas possibilidades têm feito com que tais tecnologias consigam levar o conteúdo para mais próximo do leitor (VOLPATO, 2015), criando oportunidades midiáticas ainda antes inexploradas.

15　Ver mais em www.everyblock.com

CAPÍTULO II
COMUNICAÇÃO PARA O DESENVOLVIMENTO

A discussão sobre as teorias do desenvolvimento, nas Ciências Sociais Aplicadas, não é algo recente, assim como, por consequência, suas relações com a comunicação, no tema que se convencionou por "comunicação para o desenvolvimento". A origem de tais ideias e debates remonta à década de 1940, no cenário pós Segunda Guerra Mundial.

Ainda que a concepção da palavra remeta sempre a algum tipo de avanço, melhoria, crescimento e progresso, durante a história, diferentes vertentes e correntes foram se apresentando de forma paralela, em contextos diversos, evidenciando nuances, modelos e formas de articulação muito distintas, quase que opostas.

Inicialmente, em suas versões iniciais, o conceito englobava táticas e artifícios para se galgar um novo estado econômico, a ampliação de riquezas, de tecnologias mais avançadas etc., e suas consequentes disseminações. Com o passar do tempo, já por volta dos anos 1980 do Século XX, outras ideias começam a surgir, fazendo por se reconhecer premissas mais holísticas e com bases menos individualistas. Nesse sentido, observa-se uma ressignificação do conceito de desenvolvimento, provocando uma ruptura com o paradigma anterior, ainda que este continue existindo, mesmo nos dias de hoje.

Além disso, nos últimos anos, provavelmente incentivada pelo avanço de ações e estratégias neoliberais e neocoloniais e talvez até uma desesperança pelo futuro do modelo social vigente, a discussão sobre o desenvolvimento parece novamente se fortalecer, seja em pesquisas acadêmicas da área, entre pesquisadores e intelectuais, seja no senso comum. Principalmente em alguns países da América Latina, observa-se uma tentativa de renovação crítica da questão do desenvolvimento, com a filosofia política daquilo que se cunhou pela expressão castelhana "buen vivir", conforme veremos adiante.

Este capítulo pretende apresentar as diferentes concepções acerca do desenvolvimento, por meio das principais perspectivas teóricas que embasam o conceito, em uma abordagem de cunho dialético. É, ainda, uma tentativa de oferecer aproximações e inter-relações dos aspectos destas teorias com o tema da "comunicação para o desenvolvimento", que, conforme falamos, apresenta reverberações revigoradas, atualmente.

Para efeito explicativo e didático, opta-se por discutir tais ideias principalmente a partir dos estudos desenvolvidos por Jan Servaes (2000), Alfonso

Gumucio-Dagron (2011) e Cicilia Peruzzo (2014), que consideram, principalmente, dois modelos de comunicação para o desenvolvimento, o difusionista e o participativo, a partir de três paradigmas, o da modernização, da dependência e o desenvolvimento participativo. Acrescenta-se, ainda, a concepção crítica do Buen Vivir, a partir do pensamento de Euclides André Mance (2015), Alberto Acosta (2011, 2012), Alejandro Barranquero (2012a, 2012b), Alejandro Barranquero e Chiara Sáez-Baeza (2015) e Fernando Huanacuni Mamani (2010).

1. Teorias do Desenvolvimento

1.1 Teoria da modernização

Convém ressaltar que, de início, a palavra desenvolvimento estava – ou fazia-se por estar –, até então, ideologicamente, intimamente ligada ao subdesenvolvimento, no contexto pós Segunda Guerra. Como mostra Gustavo Esteva (1996, p. 1), "propomos chamar era do desenvolvimento o período histórico particular que começou em 20 de janeiro de 1949, quando Harry S. Truman declarou, em seu discurso de posse, pela primeira vez, o Hemisfério Sul como 'áreas subdesenvolvidas'".

Havia, portanto, um interesse de expansão de mercado, principalmente na busca por consumidores. Os Estados Unidos e a União Soviética (URSS), principais potências industriais da época, procuravam converter e transformar as indústrias de guerra em indústrias de consumo, ou seja, buscar mercados capazes de consumir os produtos que produziam. Assim, o desenvolvimento "partia da concepção da necessidade da modernização de sociedades vistas como atrasadas ou subdesenvolvidas, tendo como parâmetro os países desenvolvidos" (PERUZZO, 2014, p. 163).

É essa ideia desenvolvimentista que ganha o nome de modernização. Com base na premissa de que era preciso modernizar e industrializar os países tidos como subdesenvolvidos, avançava-se – e ainda hoje o faz – incentivando o consumo, por meio de estratégias de transferência de informação e difusão de tecnologias e culturas. Nesse sentido,

> uma de suas premissas principais é que a informação e o conhecimento são, em si, fatores de desenvolvimento, e que as tradições e as culturas locais constituem uma barreira para que os países de Terceiro Mundo alcancem níveis de desenvolvimento similares a aqueles dos países industrializados. Por sua vinculação direta com a política internacional do governo dos Estados Unidos, tais modelos têm sido dominantes na cooperação internacional durante várias décadas (GUMUCIO-DAGRON, 2011, p. 28).

Se por um lado o objetivo era favorecer a expansão do capitalismo, primando pela expansão de multinacionais, seus produtos e serviços e ampliando o mercado consumidor, ainda que isso não favorecesse o equilíbrio individual nem coletivo, por outro, eram estratégias para manter a influência dos países industrializados no chamado Terceiro Mundo, sempre com o objetivo da manutenção de laços políticos e econômicos.

Nesse sentido, como explica Jesús Martín-Barbero (2004, p. 49),

> o desenvolvimento, seja tecnológico, seja discursivo, dos mass media, que se inicia nos Estados Unidos ao findar a Primeira Guerra Mundial, foi diretamente vinculado à necessidade que tinha o governo de homogeneizar as massas em torno do consenso contido no processo bélico. A posterior decepção dessas massas, ao ter conhecimento das manipulações de que haviam sido objeto, não diminuiu a força da curiosidade e da fascinação de que se tinham imbuído os meios. E, ao desejo dos políticos de conhecer a influência que haviam tido suas campanhas mass-midiatizadas sobre a população, somou-se o das indústrias e comerciantes de incrementar a eficácia da publicidade. A ciência das comunicações nasceu, assim, orientada para aperfeiçoar e perpetuar 'o estilo norte-americano de democracia'. Os possíveis efeitos negativos dos meios, como a degradação da cultura, serão vistos como meras disfunções que o próprio sistema se encarregará refuncionalizar.

O paradigma da modernização, portanto, apoiou um desenvolvimento baseado no crescimento econômico, tal como defende Jan Servaes (2000, p. 9). Nesse raciocínio, para o autor, todas as sociedades evoluiriam, se desenvolveriam, passando por etapas similares, até o ponto máximo e comum, tido como sociedade moderna ou desenvolvida. Para atingir este patamar, seria preciso modificar as atitudes das pessoas tidas como "atrasadas", já que são elas que constituem os verdadeiros obstáculos para o desenvolvimento. Como bem registrou Conteçote (2015, p. 82), é a modernização no nível individual que corresponde e garante o desenvolvimento no nível social.

Segundo Servaes (2000, p. 9), essas barreiras poderiam ser superadas por cinco mecanismos: a) demonstração: tentativa da sociedade se atualizar, adotando técnicas e métodos mais avançados; b) fusão: combinação de diferentes métodos modernos; c) compressão: tentativa de se completar o desenvolvimento em tempo menor do que o usado pelo mundo desenvolvido; d) prevenção: aprender com os erros cometidos pelos países desenvolvidos; e) adaptação: adaptar as práticas modernas à realidade local.

Ao considerar que o conhecimento e a tecnologia necessários para o desenvolvimento são um privilégio dos países ricos, seria, portanto, a difusão destas inovações que permitiria uma melhor qualidade de vida dos tidos como mais pobres. Assim, as culturas, tradições e conhecimentos locais são vistos como barreiras que impedem o desenvolvimento econômico. Como mostra Gumucio-Dagron (2011, p. 30),

> o argumento central é que os países pobres necessitam ser tecnificados, adquirir nova tecnologia para melhorar sua produção e incrementar seu produto nacional bruto; e para isto, tem que renunciar a suas tradições, já que estas representam um freio ao conceito de desenvolvimento que quer impor o Ocidente. O desenvolvimento é concebido – agora e então – como a necessidade de moldar as nações pobres à imagem e semelhança dos países industrializados.

Esse modelo de difusão ideológico-cultural e de "inovações" se aplicou em diferentes setores da vida humana, sobretudo na agricultura, incluindo técnicas de cultivo, o uso de agrotóxicos, mas também a produção de alimentos em abundância, o incentivo do consumo de produtos industrializados, o uso indiscriminado de antibióticos, a priorização do leite industrializado em detrimento do materno etc.

De lá para cá, lá se vão algumas décadas, e, apesar desse modelo já ser amplamente criticado e contestado por segmentos da sociedade civil, que, na prática, também forjam metodologias de desenvolvimento de uma nova ordem, esta concepção de difusionismo ainda se apresente como vigente. Em recente reportagem, o jornal The New York Times[16] denunciou as artimanhas pelas quais multinacionais de alimentos têm procurado expandir seus negócios em países como o Brasil, favorecendo a obesidade e problemas de saúde de diferentes ordens, nestas populações.

Portanto, nessa concepção, favorece-se, a qualquer custo, a acumulação de riquezas e um desenvolvimento desigual. Como explica Peruzzo (2014, p. 165),

> convivem a abundância das classes dominantes, o alto padrão tecnológico na produção industrial e nas indústrias criativas, com a pequena produção informal, além do elevado grau de pobreza das classes subalternas, o que corresponde a baixos índices de capacidade cognitiva, mesmo entre aqueles que frequentam as instituições de ensino.

Surgem, portanto, críticas à teoria da modernização, particularmente na América Latina, principalmente por ter trazido com ela, maior desigualdade e maior subdesenvolvimento. Como questiona Luis Ramiro Beltrán (*online* [1985], p. 3), se tal modelo

---

16 Disponível no link: https://www.nytimes.com/2017/09/16/health/brasil-junk-food.html

é uma força tão poderosa e autônoma, para que se preocupar muito com a natureza da sociedade? Se o desenvolvimento consiste essencialmente em gerar mais e melhores produtos de maneira que "todo o mundo" possa dispor deles, para que inquietar-se por fatores gerais sociais, econômicos, culturais e políticos? Se a tecnologia é por si tão boa que só basta comunicá-la a outras pessoas a fim de gerar desenvolvimento, qual é realmente a razão para se modificar qualquer variável que não sejam as de comunicação? Finalmente, porque deveria a atual estrutura social da América Latina requerer modificações substanciais?

Conforme aponta Servaes (2000, p. 11), a principal crítica da teoria da modernização está fundamentada em três aspectos: é empiricamente inalcançável, tem uma inadequada fundamentação teórica e é incapaz de promover desenvolvimento no Terceiro Mundo. Segundo ele (2000, p. 11),

> os críticos deste paradigma assinalam que, muitas vezes, a complexidade do desenvolvimento é ignorada, que se presta pouca atenção às consequências ao nível dos macro processos econômicos, políticos e socioculturais e que a resistência contra a mudança e a modernização não pode ser explicada somente sobre a base de normas e orientações valorativas tradicionais, como muitos parecem indicar.

Entretanto, em dada altura, por volta dos anos 1980, até mesmo os próprios teóricos e incentivadores da modernização e do difusionismo chegaram a rever, em parte, suas ideias, pensamentos e modelos, principalmente alegando que para um desenvolvimento efetivo não bastavam apenas mudanças e avanços econômicos. Na perspectiva de Gumucio-Dagron (2011, p. 33)

> reconheceram que suas premissas originais estavam demasiadamente ancoradas em bases sociológicas e individualistas, sem levar em conta os fatores políticos e socioculturais específicos de cada contexto. De alguma maneira, esta nova abordagem estava assumindo as críticas feitas desde os modelos comunicacionais participativos, inspirados nas teorias da dependência.

Em certa medida, foi a própria história que evidenciou a falácia, as limitações e contradições desta concepção de desenvolvimento, conforme se tratou acima. Apesar de algum tipo de desenvolvimento técnico, o modelo não foi capaz de, ao longo do tempo, sustentar a integridade e a equidade sociais. Pelo contrário, ao reforçar o desenvolvimento, ampliou-se a condição de subdesenvolvimento.

1.2 Teoria da dependência

É exatamente dessa relação e dependência criada e sugerida entre desenvolvimento e subdesenvolvimento, vistos como processos inter-relacionados que favorecem dinâmicas de domínio e predomínio de algumas nações sobre outras, que nasce a teoria da dependência. Inspirada principalmente pelo norte-americano Paul Barán (1964), para quem os entraves para o desenvolvimento não são aspectos como a falta de capital ou de gestão, como pretendiam assegurar os modernistas.

Como pontua Servaes (2000, p. 13),

> isto significa também que o desenvolvimento do centro determina e perpetua o subdesenvolvimento da periferia. Os dois polos estão estruturalmente conectados uns aos outros. Os teóricos da dependência sustentam que, para remover estes obstáculos externos, cada país deveria dissociar-se do mercado mundial e optar por uma estratégia de desenvolvimento autônomo. A maioria dos intelectuais indica que para que isto ocorra seria mais ou menos necessária uma transformação política revolucionária.

É por isso, portanto, que o autor (SERVAES, 2000, p. 12) defende que a teoria da dependência tem aporte teórico em duas tradições intelectuais, o neomarxismo ou estruturalismo e uma outra originada dos debates sobre o desenvolvimento proposto em torno da Comisión Económica para América Latina e o Caribe (CEPAL). Nesse cenário também entram em cena esforços como a Nova Ordem Econômica Internacional (Noei) e da Nova Ordem Mundial da Informação e Comunicação (NOMIC), desde o final dos anos 1960 até 1980, representando uma tentativa de países não alinhados ao desenvolvimentismo apregoado até então, de formular propostas de políticas públicas coerentes com seus interesses e realidades.

Nesse sentido, fica claro que esta dimensão de dependência consiste na lógica pela qual ocorrem formas de exploração das economias dependentes ao se vincularem ao modelo internacional – ou estrangeiro – de produção capitalista, optando por adotar suas técnicas e raciocínios de modos de produção social e também mantendo com ele relações financeiras e acordos político-econômicos. E é claro que essas relações e acordos de cumplicidade condicionam o desenvolvimento.

A situação de dependência, portanto, pode acontecer em condições distintas, favorecendo, por consequência, diferentes matizes de desenvolvimento. De toda maneira, apesar de uma suposta associação à redistribuição igualitária de renda, por meio da modernização e da industrialização, configuram-se, de fato, relações de exploração entre centro e periferia. Nas palavras de Cardoso e Faletto (2000, p. 30), a relação entre desenvolvimento e modernização não se verifica necessariamente, se se supõe que a dominação nas sociedades mais desenvolvidas exclui os 'grupos tradicionais'. Por outro lado, também pode dar-se o caso de que a sociedade se modernize em suas pautas de consumo, educação etc., sem que correlativamente haja uma menor dependência e um deslocamento do sistema econômico da periferia em relação ao centro.

Ainda que favoreça algum tipo de desenvolvimento,

> a situação básica de dependência causa o atraso e a exploração destes países. As nações dominantes exercem um predomínio sobre os países dependentes da tecnologia, do comércio, do capital e sócio-político – a forma do predomínio varia de acordo ao momento histórico em particular – e podem explorá-los e extrair parte do excedente econômico gerado localmente. A dependência, então, se baseia na divisão internacional do trabalho que faz que o desenvolvimento industrial se concretize e se concentre em alguns países enquanto se restringe em outras nações cujo crescimento é condicionado e sujeito aos poderosos centros do mundo (SERVAES, 2000, p. 12-13).

De fato, a própria teoria da dependência fez por mostrar suas contradições. Como explica Gabriel Kaplún (2007, p. 168),

> desde o final dos anos 60, teve início um questionamento das ideias habitualmente manejadas sobre o desenvolvimento dos países latino-americanos. Especialmente a ideia do subdesenvolvimento como uma etapa prévia ao desenvolvimento, no qual poderíamos entrar imitando o caminho seguido pelos países tidos como 'desenvolvidos'. As teorias da dependência propuseram que, ao contrário, nosso subdesenvolvimento era a outra cara do desenvolvimento dos países centrais. Ou, mais precisamente, o que vinha ocorrendo na América Latina era um desenvolvimento dependente, dependência marcada por relações desiguais de intercâmbio e por uma desigual distribuição internacional do trabalho, na qual, sistematicamente, aos nossos países se atribuía a produção daquilo de menor valor a nível internacional, valor determinado por sua vez pelos países centrais.

Portanto, se ainda assim, alguns países compartilharam da ideia de independência formando o Movimento dos Países não Alinhados (MNA), fundado oficialmente em 1961, posicionaram-se, então, pelo desenvolvimento como luta política. Como explica Peruzzo (2014, p. 168), se a teoria da dependência se tornou difícil de ser sustentada, "pelo menos se constituiu em paradigma para municiar a compreensão da realidade e inspirar lutas sociais e políticas com vistas à autodeterminação política, econômica e cultural das nações, especialmente na América Latina".

1.3 Teoria do desenvolvimento participativo ou do "outro desenvolvimento"

Se, no decorrer da história, os desenvolvimentos baseados no paradigma da modernização e mesmo na teoria da dependência foram questionados por diversos autores, tanto do ponto de vista teórico-acadêmico, quanto de sua práxis, este mesmo movimento histórico-social fez por surgir paradigmas alternativos e propostas de "um outro desenvolvimento", este último articulado de forma pioneira pela Fundação Dag Hammarskjold, na Suécia.

Desenvolvimento participativo, sustentável, humano, local, comunitário, integrado, dentre outros, foram alguns dos termos e vertentes que foram surgindo, trazendo novas propostas, numa tentativa de se promover um desenvolvimento de fato equitativo. Apesar das nomenclaturas, neste raciocínio, de forma prática, desenvolvimento tende a se aproximar da noção de mudança social, basicamente porque o primeiro só existe em razão da segunda. Trata-se de uma metodologia e estratégia de desenvolvimento construída de forma participativa, inclusiva, coletiva, autônoma, autóctone e endógena, isto é, forjada no bojo das dinâmicas sociais.

Concordamos, então, com Conteçote (2015, p. 96), quando, ao estudar diferentes propostas de metodologias e estratégias de desenvolvimento social, optou por agrupá-las em dois grupos, a saber: a) polo exógeno: aquelas relacionadas ao paradigma da modernização e uma forma de participação notadamente passiva; b) polo endógeno: aquelas adeptas ao desenvolvimento endógeno e à participação-poder.

Segundo Servaes (2000, p. 14), essa proposta de um "outro desenvolvimento", pode ser aplicada em qualquer nível social, não apenas aos pobres ou ao que o autor chama de "mundo alienado". Pelo contrário, nasce da insatisfação com a "sociedade do consumo" e da crescente desilusão com a modernização. Nesse sentido, esse desenvolvimento a que nos referimos possui três princípios: é gerado para a satisfação de necessidades, começando com a erradicação da pobreza; é endógeno e autônomo; está em harmonia com o meio ambiente.

Assim, desenvolvimento participativo não é algo pronto ou imposto de "fora para dentro", mas algo construído, conquistado e que pode se dar em níveis e graus diferentes, podendo chegar à autogestão, conforme já demostraram autores como Pedro Demo (1988), Juan Bordenave (2007) e Cicilia Peruzzo (2004). Não se trata, portanto, de uma concessão, de algo preexistente ou de uma dádiva disponível para uma parcela de eleitos, mas implica um processo de construção e constante lapidação, conforme também procuramos demonstrar (VOLPATO, 2010, p. 150).

O desenvolvimento participativo é, portanto, resultado de uma

> estratégia de longo prazo, cujas bases dependem de construção conjunta complexa. Mas algumas premissas são fundamentais para nortear este novo modelo de desenvolvimento: ele não é só uma questão econômica, de progresso ou de aumento de renda, mas tem a ver com participação, integração, sustentabilidade e igualdade, no sentido de proporcionar retorno dos benefícios a todas as pessoas. E deve ser participativo porque pressupõe a participação ativa da população local como sujeito e, portanto, interferindo, decidindo e se auto-organizando, sem medo de exigir e encontrar saídas coletivas de superação dos antagonismos de classe (PERUZZO, 2014, p. 169).

Na perspectiva do desenvolvimento, quando encarado em sua concepção integral, a participação se configura, então, muito mais como um processo a ser percorrido do que como um modelo. Como explica Conteçote (2015, p. 97),

> o paradigma do desenvolvimento é o *telos*, o horizonte, o lugar aonde se quer chegar. A modalidade de participação é o *modus*, o caminho, o processo, a forma como será o caminhar para esse horizonte. O paradigma da modernização orienta-se fortemente pelo seu *telos* exógeno, que exige um modus da comunicação vertical (participação passiva ou controlada). Já as propostas do outro desenvolvimento orientam-se em função do *modus* da comunicação horizontal (participação-poder), para que comunidades atinjam, de forma autônoma e autodeterminada o progresso que desejarem (*telos*).

Apesar de não apresentar um único padrão, Servaes (2000, p. 14-15) ressalta que esse tipo de desenvolvimento apresenta alguns princípios, conforme segue: a) necessidades básicas: quando gerado para satisfazer necessidades humanas, materiais e não materiais; b) endógeno: definido a partir do núcleo de cada sociedade, segundo seus valores e sua visão de futuro; c) auto-confiável: quando cada sociedade confia em suas fortalezas e recursos, nas capacidades de seus membros e de seu ambiente natural e cultural; d) ecologia: quando se utilizam os recursos da biosfera de forma consciente e responsável para o local, para o global, para as gerações atuais e para as futuras; e) democracia participativa: como uma democracia verdadeira e não somente um governo do povo e pelo povo, mas "para as pessoas" em todos dos níveis sociais; f) mudanças estruturais: requeridas nas relações sociais, nas atividades econômicas e em sua distribuição espacial, como na estrutura de poder, para alcançar condições de autogerenciamento e participação no processo de decisão por todos os afetados.

No Brasil, nas últimas décadas, esse tipo de participação e lógica de desenvolvimento também tem sido construídos e engendrados entre diferentes manifestações de agregação solidária e mobilização popular, inclusive naquelas de

> caráter comunitário inovador, capitaneadas por redes de movimentos sociais, associações comunitárias territoriais, associações de ajuda mútua, cooperativas populares, grupos religiosos, grupos étnicos, entre milhares de outras manifestações. Nesse nível, desenvolvem-se práticas coletivas e de organização comunitária, além de elementos de uma nova cultura política, na qual passa a existir a busca pela justiça social e participação do cidadão. Esse tipo de mobilização e articulação popular se diferencia das concepções tradicionais de comunidade porque constrói características comunitaristas inovadoras, e sem o sentido de perfeição atribuído àquelas (PERUZZO; VOLPATO, 2009, p. 144).

Fica claro, portanto, porque se fala em desenvolvimento humano e integral, já que se considera o crescimento e a promoção de competências e habilidades nas diferentes dimensões sócio-humanas e não somente econômicas e de renda. Assim, considera-se, portanto, inclusive a possibilidade de haver crescimento, mas sem desenvolvimento. Como mostra Augusto de Franco (2002, p. 107),

> A economia, por si só, não democratiza a riqueza. Deixada a si mesma, numa sociedade em que já estão concentrados, além da riqueza e da renda, o conhecimento e o poder, a economia – mesmo em crescimento – não é capaz de democratizar a riqueza porque não é capaz de estabelecer oportunidades iguais de acesso à propriedade produtiva e condições iguais de sucesso para os diversos empreendimentos. [...] A conclusão, ao meu ver, é a de que a dimensão econômica é imprescindível em qualquer processo de desenvolvimento, mas que essa dimensão não é capaz, por si só, de promover o desenvolvimento.

Importante, ainda, demonstrar que essa posição não foi e não é unânime entre os pesquisadores. Há quem, ainda, se renda às promessas da produção industrial e o avanço do capital e da mais-valia. Para o geógrafo Milton Santos (1959, p. 3), por exemplo, baseando-se em observações da realidade do Estado da Bahia, em meados da década de 1950, "industrialização e desenvolvimento são sinônimos sobretudo para as economias subdesenvolvidas. Assim, os fatores que impedem ou dificultam a industrialização podem, com razão, ser considerados entre os que impedem ou dificultam o desenvolvimento".

Voltando à questão do desenvolvimento participativo, torna-se lógico que ele tenha como premissa a própria participação. Mas esse conceito é bastante vasto, amplo, podendo ser entendido e aplicado de diferentes formas, desde um nível incipiente, passivo e desinteressado, até mesmo a autogestão, conforme veremos abaixo. Como se trata de processo dinâmico, ou seja, que está em constante construção, pode também conter imperfeições, mesmo porque seu dinamismo implica em constante aperfeiçoamento. Como mostra Bordenave (2007, p. 26),

> o interessante é que a luta pela participação social envolve ela mesma processos participatórios, isto é, atividades organizadas dos grupos com o objetivo de expressar necessidades ou demandas, defender interesses comuns, alcançar determinados objetivos econômicos, sociais ou políticos, ou influir de maneira direta nos poderes públicos. Concebida a participação social como produção, gestão e usufruto com acesso universal, põe-se a descoberto a falácia de se pretender uma participação política sem uma correspondente participação social equitativa.

O autor (2007, p. 27-29) também discorre sobre as diferentes maneiras de se participar. Para ele, as formas são: a) participação de fato: refere-se à participação no seio da família, nas tarefas de subsistência, no culto religioso, por exemplo; b) participação espontânea: aquela que leva as pessoas a formar grupos fluidos, sem organização estável, como grupos de vizinhos, gangues; c) participação imposta: quando a pessoa é obrigada a fazer parte de determinados grupos, como por exemplo, o voto obrigatório; d) participação voluntária: são os sindicatos livres, as associações profissionais, cooperativas, entre outros, nos quais os próprios indivíduos definem suas formas de organização e seus objetivos; e) participação provocada: quando existem agentes externos que, de certa forma, manipulam os objetivos do grupo segundo interesses próprios; f) participação concedida: aquela que é parte de poder concedida aos subordinados e que é legitimada por estes e por seus superiores, como a participação nos lucros, por exemplo.

Há, ainda, os graus e níveis de participação que se podem atingir em uma organização qualquer, levando em consideração o controle das decisões. Em linhas gerais, o menor grau de participação se encontra no nível de "informação", quando os dirigentes informam os membros da organização da decisão já tomada, ao passo que o maior grau está na "autogestão", quando o "grupo determina seus objetivos, escolhe seus meios e estabelece os controles pertinentes, sem referência a uma autoridade externa. Na autogestão desaparece a diferença entre administradores e administrados" (BORDENAVE, 2007, p. 32-33).

Além disso, do ponto de vista da importância das decisões a que os membros têm acesso, Bordenave (2007, p. 33-34) apresenta uma classificação em níveis: 1) formulação da doutrina e da política da instituição; 2) determinação de objetivos e estabelecimento de estratégias; 3) elaboração de planos, programas e projetos; 4) alocação de recursos e administração de operações; 5) execução das ações; 6) avaliação de resultados.

Já Peruzzo (2004, p. 78-81), propõe três grandes modalidades: a) participação passiva: quando não há um envolvimento ativo, mas uma postura de espectador; b) participação controlada: pode ser resultado de conquista, por pressão da própria base social, e é geralmente verificada no relacionamento entre grupos sociais e órgãos públicos que, em algum momento, abrem algum tipo de consulta ou concessão para participação no processo decisório; c) participação-poder: tem base em um tipo de participação mais democrática, ativa e autônoma, e o exercício do poder é partilhado.

A proposta de desenvolvimento participativo, portanto, contribui para a promoção da cidadania[17] por vários motivos, mas principalmente porque faz com que o sujeito seja senhor de sua realidade, criando condições para transformá-la. Ao participar ativamente dos diferentes processos sociais em que se insere, o cidadão consegue melhorar seu reconhecimento sobre sua realidade, ampliar sua própria consciência, mudar sua forma de pensar, conscientizando-se e desenvolvendo suas próprias potencialidades e as do meio em que vive. Nesse sentido, defende-se que tal perspectiva também engloba dimensões daquilo que poderíamos chamar por desenvolvimento cidadão, já que um homem, quando educado para sua realidade, por meio da participação, consegue construir uma sociedade melhor, primeiramente transformando-se, para, em seguida, transformar seu entorno. Tal ideia corrobora a premissa filosófica de que "o meio é produto do homem".

1.4 O *buen vivir* e uma renovação crítica de desenvolvimento

A expressão *buen vivir* e todas as suas traduções e variações de nomenclatura, como *bien vivir*, *vivir bien* e *bem-viver*, foram cunhadas, em 1998, a partir de um artigo do filósofo Euclides Mance, de título "A revolução das Redes", síntese de um livro que seria publicado no ano seguinte, com o mesmo título[18]. De lá para cá, o termo foi ganhando representatividade e se difundindo, tanto entre intelectuais, pesquisadores, movimentos de cunho social, político e popular, na América Latina, chegando às mobilizações constituintes na Bolívia e no Equador, até que, em 2010, foi considerado como elemento base de uma nova agenda internacional pelo Fórum Social Mundial de Porto Alegre (RS).

Segundo Mance (2015, p. 103), o neologismo "bem-viver" foi concebido com vistas à construção de sociedades pós-capitalistas, no contexto da filosofia da libertação, como um dos conceitos base da estratégia de organização de

---

17 Ver Vieira (2005).
18 "A Revolução das Redes: a colaboração solidária como uma alternativa pós-capitalista à globalização atual", editado pela Vozes, em 1999.

redes colaborativas de economia solidária. Nesse sentido, apresenta-se questionando aspectos dos conceitos tradicionais de desenvolvimento, analisando-os criticamente e provocando uma renovação na construção de sistemas, metodologias e indicadores próprios. Como explica Mance (2015, p. 103-104),

> a expressão bem-viver, que concebi no seio da filosofia da libertação, qualifica um determinado modo de exercerem-se as liberdades públicas e privadas. Em síntese, compreende-se que a realização das liberdades públicas e privadas exige condições materiais, políticas, educativas, informativas e éticas sem as quais essas liberdades não podem se realizar ou se expandir. E que o sentido da realização dessas liberdades é assegurar sustentavelmente, de maneira ecológica e solidária, o bem-viver de todos.

A concepção do *buen vivir* questiona, portanto, as diferentes propostas de desenvolvimento, inclusive àquelas mais abrangentes e de caráter integral. Por mais que essas últimas tenham ampliado a discussão e oferecido inúmeros elementos para uma avaliação mais crítica, todas elas enxergam o desenvolvimento como progresso linear, em uma perspectiva ocidentalista, ainda contaminada por aspectos de crescimento econômico. Em outras palavras, questiona-se, portanto, o conceito de progresso entendido em uma ótica ainda produtivista e que, até então, não foi capaz de cumprir com a promessa de um desenvolvimento efetivo.

Como explica Alberto Acosta (2011, p. 44), em resumo, o *buen vivir* traz novas bases, com a proposta de

> outro modo de vida, com uma séria de direitos e garantias sociais, econômicas e ambientais. Isto também é refletido em princípios que se caracterizam pela promoção de uma relação harmoniosa entre os seres humanos, individual e coletivamente, e destes com a natureza. Com o Buen Vivir, pretende-se buscar opções de vida digna e sustentável, que não representam a reedição caricaturizada do estilo de vida ocidental e menos ainda a sustentação de estruturas marcadas por uma enorme desigualdade social e ambiental. Enquanto que, por outro lado, há que se incorporar critérios de suficiência em vez de sustentar a lógica da eficiência entendida como a acumulação material cada vez mais acelerada.

Aliás, parte da crítica dessa linha de intelectuais é essa própria dicotomia desenvolvido-subdesenvolvido, civilizado-primitivo, centro-periferia, rico-pobre, avançado-atrasado, hegemônico-subalterno, incluído-marginalizado, capital-social, que deu margem às relações de dependência e acordos internacionais desiguais, incentivados pelas teorias da modernização e da dependência, por exemplo. Segundo Acosta (2012, p. 199), ainda nesse ângulo, os chamados países pobres, por sua vez, neste cenário, também apresentavam uma postura de aceitação desse estado, um ato que ele, de certa forma questiona e classifica como de subordinação generalizada e submissão. É claro que, paralelamente, também se veem diferentes processos de resistência e mobilizações no sentido de conquista de participação social ativa. Mas, somos historicamente novos na lida democrática. Como diz Paulo Freire (1967, p. 70-71),

> toda a humanidade europeia [...] evoluiu, desde os seus primórdios, sob este regime de vivência política. Entre nós, pelo contrário, o que predominou foi o mutismo do homem. Foi a sua não-participação na solução dos problemas comuns. Faltou-nos, na verdade, com o tipo de colonização que tivemos, vivencia comunitária. [...] É que em todo o nosso background cultural, inexistiam condições de experiência, de vivência da participação popular na coisa pública. Não havia povo.

É também nesse sentido que o *buen vivir* questiona o desenvolvimento e, inclusive, as ações das nações tidas como desenvolvidas. Mesmo porque se realmente o são, partiriam do princípio da partilha e do bem-comum, independentemente de outras limitações, afinal, como aponta Acosta (2011, p. 43), "a acumulação permanente de bens materiais não tem futuro". Além disso, não se parte de uma postura baseada em deveres e obrigações das organizações e instâncias governamentais, mas de uma nova lógica de expansão de competências e potencialidades individuais que, pela junção, dão o coletivo. Também não se trata de criar mecanismos exógenos de desenvolvimento de cada pessoa, mas de prover condições para que cada pessoa possa desenvolver-se de forma endógena.

Uma das críticas de Acosta (2012, p. 199-200), inclusive, refere-se não somente ao caminho dessa ou daquela metodologia de desenvolvimento, mas de uma limitação conceitual:

> Um conceito que ignora totalmente os sonhos e as lutas dos povos subdesenvolvidos, muitas vezes truncados pela ação direta das nações consideradas desenvolvidas. Um conceito, que embora seja uma reedição dos estilos de vida consumistas e predadores dos países centrais, é impossível de ser repetido em nível global. Basta ver que atualmente tudo indica que o crescimento material infinito poderia terminar em um suicídio coletivo. São indisfarçáveis os efeitos do grande aquecimento da atmosfera ou da destruição da camada de ozônio, da perda de fontes de água doce, da erosão da biodiversidade agrícola e silvestre, da degradação dos solos ou do rápido desaparecimento de espaços de habitação das comunidades locais... Tal estilo de vida consumista e predador não apenas coloca em risco o

equilíbrio ecológico global, mas marginaliza cada vez mais massas de seres humanos das (supostas) vantagens do ansiado desenvolvimento. Apesar dos indiscutíveis avanços tecnológicos, nem a fome foi erradicada do planeta.

O que se pretende, portanto, é a busca por alternativas de vida que nasce de propostas e reivindicações de lutas pela liberdade[19] e pela independência. Em última instância, é a vida em plenitude que está em jogo, ou seja, uma concepção que se vê para além da lógica do capital, social ou político, e que se torna o próprio princípio regulador daquilo que poderíamos chamar de conjunto total de vida social natural.

Para compreender essa noção, há que transcender a visões e concepções de mundo ocidentais. Para tal, convém ater-se ao fato de que nas cosmovisões indígenas não há, inclusive, uma ideia aproximada àquela de desenvolvimento, nem tampouco à posse particular de bens materiais ou à associação entre pobreza como consequência da carência de posse material ou de riqueza como abundância destes, conforme mostram Barranquero (2012a, p. 73) e Acosta (2012, p. 201).

Ao contrário, esses povos tendem a evidenciar suas raízes comunitaristas inclusive na língua. Ao estudar a cultura e a língua de alguns povos do México, Carlos Lenkersdorf (2000) percebeu que o tojolabal, uma língua Maia ainda encontrada no país, possui uma estrutura peculiar, chamada de ergativa, isto é, que marca os sujeitos e não a relação entre sujeito e objeto. O sufixo *-tik*, que, em Português, poderia ser traduzido de forma aproximada por "nós", é inserido após pronomes, verbos e substantivos e, mais do que uma palavra que se repete a todo momento, não representa apenas a organização e linguística deste povo, mas um princípio que se manifesta em todos os níveis sociais, evidenciando uma estrutura marcada pelo nós e não pelo eu.

Conforme relata Lenkersdorf (2000, p. 161),

> estão sendo gravadas faixas na mente, que não se apagam no decorrer dos anos. Ainda que não entendamos nem uma única expressão, escutamos constantemente e com repetitiva insistência uma sílaba ou palavra que cada falante usa e usa constantemente. Não se esquecem estes sons. Aqui estão: lalala*tik*; -lalala*tik*, -lalala*tik* com a voz ascendente na última sílaba. Nós nos perguntamos o que significa esse *-tik*, *-tik*, *-tik*? [...] De qualquer forma, deve ser algo muito importante para os tzeltales. Qual será a razão para a repetição? Deve haver algum motivo para a repetição constante.

Além disso, cabe destacar que, para algumas culturas mesoamericanas, esse "nós" não considera apenas os seres humanos, mas leva em conta todos

---

19 Uma perspectiva sobre o desenvolvimento como liberdade pode ser encontrada em Amartya Sen (2000).

os seres viventes, concepção bastante próxima à do *buen vivir*. Nas palavras de Jorge González (2012, p. 194), "esse sufixo é a marca indelével nas conversações de uma cultura que, para sobreviver e relacionar-se com o mundo, gera e estimula processos permanentes de "nossotrificação", de construção do sentido de *nós* acima do *eu*".

Interessante notar que, conforme mostra Lenkersdorf (2000, p. 172), aspectos sociais como o jurídico também estão organizados segundo este princípio de nossotrificação. Para eles, não há termo equivalente a "castigo", em tojolabal. No anúncio de algum tipo de punição, diz-se "stupu ja smuli" que, em Português, poderia se aproximar de algo como "ele pagou seu crime". Entretanto, o significado do sufixo -mul não se limita apenas ao delito, mas principalmente à causa ou origem de algo. Em última instância, nota-se que

> o procedimento jurídico se explica, em nossa opinião, pela atitude particular da comunidade querer viver comunidade. Nisto, prevalece o equilíbrio de todos os membros. O bem-estar comunitário é a garantia do bem-estar de cada um. Um sofre, todos sofrem e o todo sofre também. O sofrimento do todo afeta a cada um. Por conseguinte, o interesse primordial de manter o equilíbrio social da comunidade. O exemplo do procedimento da jurisdição do nosotros, por sua vez, se manifesta tanto pelo comportamento da comunidade danificada, quanto pelos dados linguísticos (LENKERSDORF, 2000, p. 173).

Além das influências de povos e culturas indígenas, esta visão holística proposta pelo *buen vivir* parece também se distinguir das propostas de diversos socialismos vistos até agora, além de se aproximar, na visão de Acosta (2012, p. 202), à propostas de humanistas de vida como de Mahatma Gandhi (1869-1948) e Vandana Shiva (1952).

Fala-se, portanto, de uma nova lógica civilizatória em que são questionados, principalmente, mas não somente, o progresso produtivista e o desenvolvimento linear. Como mostram Denise Cogo, Catarina Oliveira e Daniel Lopes (2013, p. 15), "em termos teóricos, estão presentes na filosofia do *buen vivir* necessidades de mudanças estruturais no sistema, mas também, são necessárias a esta filosofia encaminhamentos práticos para que esta transformação possa se efetivar".

Por isso, como defende Acosta (2011, p. 43), torna-se insustentável qualquer comparação desta proposta do *buen vivir* com qualquer outra de desenvolvimento de perspectiva ocidental. Considera-se, portanto, não somente que a ideia tradicional de desenvolvimento

> não é sinônimo de bem-estar para a coletividade, mas que está colocando em risco a própria vida da humanidade através de múltiplas deteriorações

do equilíbrio ecológico global. Desse ponto de vista, o tão conhecido desenvolvimento sustentável deveria ser aceito, no máximo, como um estágio de trânsito para um paradigma diferente do capitalista, no qual seriam intrínsecas as dimensões de equidade, liberdade e igualdade, incluindo, é claro, a sustentabilidade ambiental.

Do ponto de vista do paradigma do *buen vivir*, a concepção do projeto de modernização tem apresentado dimensões que, na verdade, hoje, já se mostram como depredadoras da própria vida humana. Para Barranquero (2012b, p. 3-4), seriam seis esses principais aspectos: a) instrumentalização da natureza: a modernidade pressupõe um processo de racionalização da natureza, vista meramente como uma extensão ou um recurso a mais à disposição; b) fragmentação dos saberes, estéticas e normas: a modernidade também se encarregou de dividir as diferentes esferas do saber em conhecimentos autônomos o que, por sua vez, eliminou a percepção da realidade como um todo integrado; c) universalidade: passou-se a considerar que o único conhecimento válido é aquele gerado pelo método científico, o que gerou problemas fundamentais com a dificuldade em se considerar a heterogeneidade e complexidade do mundo e também os saberes que não derivam de uma matriz científica; d) quantificação: o positivismo moderno, ao reduzir tudo ao observável e quantificável, preferiu, sem distinção, os métodos quantitativos aos qualitativos, fazendo da ciência a principal aliada do sistema capitalista e desenvolvimentista; e) intervencionismo e desenvolvimentismo: com a falsa ideia de que o progresso se apresenta apenas em um sentido e uma direção, a dos países desenvolvidos, criou-se um verdadeiro plano de desenvolvimento baseado nos padrões neocoloniais ocidentais, acentuando o subdesenvolvimento; f) individualismo: tal racionalização provocou um processo de individualização sem precedentes, que tem sido crucial para promover a autonomia e a liberdade, mas que também debilitou laços sociais, utopias e projetos de troca, favorecendo a ideia do "viver melhor", que é essencialmente diferente do *buen vivir*.

Na perspectiva de Acosta (2011, p. 42-56), é incompatível com a proposta do *buen vivir* um estilo de vida fácil para um grupo reduzido enquanto toda a maioria sustenta tais privilégios, já que a acumulação inconsequente de bens materiais também não faz sentido. Aliás, a própria condição de "poder criar riqueza" se despojaria do sentido material para equivaler a uma "ampliação de capacidades" do próprio ser humano.

Tal ideal teria, portanto, suporte em uma economia sustentada, por sua vez, na solidariedade. Fala-se em economia social e solidária quando, diferente da atual, caracterizada pela livre competição e pela especulação financeira, aspira-se em construir relações de produção e cooperação que atendam às necessidades sociais e não ao capital.

Em suma,

> a redistribuição da riqueza (da terra e da água, por exemplo) e a distribuição de renda, com critérios de equidade, assim como a democratização de acesso aos recursos econômicos, como são os créditos, estão na base desta economia solidária. Assim, as finanças devem cumprir um papel de apoio ao aparato produtivo e não mais ser simples instrumentos de acumulação e concentração da riqueza em poucas mãos, realidade que encoraja a especulação financeira (ACOSTA, 2011, p. 55-56).

Ainda que o *buen vivir* careça de propostas mais concretas sobre como se daria esse processo de transição e de desmercantilização da sociedade[20], supõe-se que, conforme sugere Barranquero (2012b, p. 5), as seis premissas seguintes sejam o ponto de partida: a) integração humana com e a partir da natureza: parte-se do princípio da natureza como objeto de direito, uma vez que todos os seres da natureza, como um rio, uma planta ou uma montanha são parte da mesma vida que, interligadas, completam os seres humanos; b) diálogo de saberes: procura-se a construção de saberes operacionais, sejam teóricos ou práticos, direcionados a gerar bem-estar humano e preservação da natureza; c) particularismo: revaloriza-se a multiplicidade dos saberes, inclusive a capacidade humana de perceber aspectos importantes, mas que são intangíveis, como o sensorial, o mítico-religioso e o artístico; d) qualidade: enquanto a modernidade propaga a ideia de que todo conhecimento é quantificável, o *buen vivir* considera que se "a natureza não tem preço", é muito complexo quantificar o bem-estar e o conhecimento; e) censura ao desenvolvimento: desconsidera-se o conceito de desenvolvimento ocidental de perspectiva linear visto como processo de transição entre um estado de subdesenvolvimento para o de desenvolvimento; f) comunidade: já que se parte do pressuposto de que o indivíduo assume direitos e deveres como referências fundamentais de vida, de forma holística, também se considera a vida em comunidade, não como unidade e estrutura exclusivamente social, mas tendo o ser humano como uma das partes desta unidade.

Cabe, ainda, enfatizar que não se trata de promover o tradicional e ocidental bem-comum, tampouco promover o desenvolvimento humano, mas inclui também preservar um equilíbrio de toda a unidade e seu conjunto, para eles frequentemente tratados com analogia à natureza. Como explica Mamani (2010, p. 49), "vivir bien é a vida em plenitude. Saber viver em harmonia e equilíbrio; em harmonia com os ciclos da Mãe Terra, do cosmos, da vida e da história; e em equilíbrio com toda forma de existência, em permanente respeito".

---

20 Ver Barranquero, Sáez-Baeza (2015).

2. Aspectos teóricos da comunicação para o desenvolvimento

Por princípio, considera-se que cada uma das vertentes teóricas da comunicação não encerra, em si, a totalidade do fenômeno. São análises, estudos e pensamentos de pesquisadores, cientistas, intelectuais e filósofos que evidenciam, especialmente, aspectos como o contexto histórico-social em que se inserem e o modelo de processo de comunicação que cada teoria pretende apresentar.

Como não há ação despretensiosa, ou seja, sem uma intenção definida, é exatamente a análise desses fatores acima que nos "permite articular as conexões entre as diversas teorias da mídia e determinar qual foi (e por quê) o paradigma dominante em períodos diversos *na communication research*", como explica Mauro Wolf (2005, p. 3).

Nesse sentido, pretende-se apresentar uma síntese dos principais aspectos dos modelos difusionista e participativo, conforme proposta de Jan Servaes (2000), e suas relações com as ideias de desenvolvimento e comunicação para o desenvolvimento, por consequência. Somam-se, por fim, aproximações entre a comunicação e o *buen vivir*.

2.1 O modelo difusionista

É nesse contexto pós Segunda Guerra descrito na primeira parte deste Capítulo que também se percebeu que tal proposta de modernização requereria ferramentas para informação, persuasão e catequização de mudanças de conduta. Com essa medida nascia a "comunicação para o desenvolvimento", que, somente anos depois seria conhecida por este nome. Mas de qual desenvolvimento estamos falando?

Nesse sentido, algumas teorias tentam dar conta da comunicação em uma perspectiva funcional, pensado basicamente a partir de um modelo simplista e linear centrado em aspectos como fonte, codificador ou transmissor, mensagem, canal, decodificador ou receptor e destinatário. Foram vários os estudiosos que discutiram, analisaram e fizeram propostas e adaptações a este modelo, entre eles Wilbur Schramm[21], Harold Lasswell, Robert Ezra Park, Everett M. Rogers, David K. Berlo e Daniel Lerner, a grande maioria deles a partir de uma ótica difusionista, na perspectiva de "difundir inovações", parâmetro que reverberava a teria da modernização.

Nesse sentido, como aponta Everett Rogers (1986, p. 49), um dos principais líderes da teoria da difusão, a comunicação, nesta linha, implica

---

21 Ver também as noções trazidas por McAnany (2012), que atualizou a proposta apresentada por Schramm, principalmente ao pontuar a possibilidade da comunicação ajudar no desenvolvimento e promover mudanças sociais.

basicamente em transferir inovações tecnológicas a partir das agências de desenvolvimento a suas audiências, além de criar uma predisposição para a mudança por meio da conquista de um clima de modernização entre os membros do público. Apesar de algumas críticas realizadas mais adiante, a orientação vertical e difusionista era clara.

De acordo com Servaes (2000, p. 16), esses modelos seguem tais lógicas, que podem ser atribuída a três razões:

> Primeiro porque eles identificaram a comunicação como transferência de informação (estímulo) e eram partidários da metodologia empírica, estabelecendo-se assim as bases da comunicologia como uma ciência distinta e legítima.
>
> Segundo, os teóricos enfocaram a eficiência ou efeitos da comunicação (resposta), sustentando vastas promessas de manipulação ou controle dos receptores da mensagem, com diversos interesses.
>
> Finalmente, o modelo de comunicação se desenvolve intimamente com a natureza e os mecanismos da comunicação midiática ou massiva, uma emergente e poderosa força naquele tempo.

Mais ou menos abertas à psicologia ou à sociologia, algumas ideias estão centradas na análise dos efeitos da comunicação, ainda que, há que se mencionar, com o passar do tempo, estes efeitos e influências tenham sido relativizados, como no caso da teoria de fluxo comunicacional em duas etapas (*two step flow*), da qual Paul Lazarsfeld é um de seus principais expoentes. Ainda assim, o interesse se mantinha, como explicam Armand e Michèle Mattelart (2006, p. 40), uma vez que

> a atenção aos efeitos da mídia sobre os receptores, a constante avaliação, com fins práticos, das transformações que se operam em seus conhecimentos, comportamentos, em suas atitudes, emoções, opiniões e em seus atos são submetidas à exigência de resultados formulada por acionistas preocupados em pôr em números a eficácia de uma campanha de informação governamental, de uma campanha publicitária ou de uma operação de relações públicas das empresas e, no contexto da entrada na guerra, das ações de propaganda das forças armadas.

Beltrán (2005, p. 8-11) é quem apresenta uma síntese crítica com as principais ideias comunicacionais das visões de autores como: Daniel Lerner, que chegou a defender a extinção da sociedade tradicional para se evoluir para a modernização; Everett Roger, que limitou a definição de inovação a algo percebido como novo por um indivíduo e comunicado aos demais; e Wilbur Schramm, para quem os meios de comunicação de massa configurariam uma atmosfera propícia ao desenvolvimento.

Ainda segundo Servaes (2000, p. 18-19), três outros enfoques também contribuíram com o modelo da difusão. Em resumo, o primeiro deles seria a perspectiva comportamental ou psicossocial da comunicação e da modernização, promotora de valores individualistas e da mudança de atitudes, esta última entendida como adaptação ao desenvolvimento. O segundo seria acerca da conexão entre a comunicação massiva e as práticas da modernização, já que os meios massivos seriam os maestros da mudança e da modernização. Por fim, o terceiro, de um enfoque tecnológico fundamentalista, que considera desde uma visão bastante otimista de que o desenvolvimento e o uso das tecnologias podem resolver todos os problemas da humanidade, até mesmo o extremo de que a tecnologia é a fonte de todos os conflitos sociais.

É claro que, na prática, o modelo difusionista de comunicação se confundia com aspectos da modernização, da lógica do capital e do mercado. Mas a partir dos anos 1970 e 1980, algumas críticas começaram a surgir. Até mesmo Everett Rogers revisa suas concepções por considerá-las muito próximas à teoria mecanicista e matemática da informação. Para ele, então, a comunicação poderia ser entendida como convergência, como um processo em que seus participantes, de forma conjunta e mútua, criam e partilham informações e sentidos com objetivo de alcançar uma compreensão, como mostram os Mattelart (2006, p. 160).

Inúmeras críticas também surgiram desde a América Latina, por vários intelectuais, entre eles o próprio Luis Ramiro Beltrán (1981), com sua proposta paulofreireana de uma comunicação horizontal e dialógica, Mário Kaplun (1985), com sua premissa de "ação-reflexão-ação", Antonio Pasquali, Juan Diaz Bordenave, José Marques de Melo e tantos outros.

Como questiona Beltrán em outro texto (*online* [1985], p. 4), ao se referir ao modelo de difusão, "a própria comunicação está tão submetida aos arranjos organizativos predominantes da sociedade, que dificilmente pode-se esperar que ela atue independentemente como uma contribuinte primordial a uma profunda e ampla transformação social".

Ainda atualmente, os próprios meios de comunicação de lógica convencional, sejam eles com abrangência internacional, nacional ou mesmo regional, de gestão pública ou privada, impressos, digitais, ou multiplataformas, tendem a reproduzir os paradigmas difusionistas e da modernização. Como diz Marques de Melo (1976, p. 32), no caso brasileiro e também, por extensão, de vários outros países latino-americanos, "os 'media' têm-se revelado muito mais instrumentos de controle do que de participação social.

Isso constitui, de certa maneira, uma decorrência da natureza autoritária que marcou o desenvolvimento político das sociedades latino-americanas, deste os tempos antigos da dominação social".

Por mais que não sejam modelos únicos, já que propostas de comunicação de outra ordem também têm se intensificado em quantidade e em tipos e vertentes, principalmente na América Latina, os meios de comunicação de escopo tradicional

> sempre expressaram em sua agenda pública os paradigmas da modernização, o que continua a se manifestar de forma predominante atualmente. Estes são majoritariamente comprometidos com interesses do grande capital, do ponto de vista direto – como unidade de produção – ou indireto – ao representar os interesses políticos e ideológicos dos grandes grupos econômicos e político-partidários (PERUZZO, 2014, p. 180).

Os meios de comunicação massiva, portanto, não são como "varinhas mágicas" (GUMUCIO-DAGRON, 2011, p. 34) que produzem por eles mesmos mudanças sociais, mas, como instrumentos que também são, obedecem a uma lógica e a uma intenção de sua gestão. Dessa forma, parece fazer bastante sentido dizer que "a dependência é a antítese da modernização em muitas maneiras, mas ao nível da comunicação é uma continuação dela", como excepcionalmente sugere Servaes (2000, p. 20).

2.2. O modelo participativo

Paralelamente e, conforme as críticas ao modelo difusionista foram se avolumando, começaram também a surgir outros pensamentos e propostas de modelos comunicacionais. Nesse sentido, os latino-americanos foram os precursores a questionar o modelo clássico e propor novos enfoques, como relembra Beltrán (2005, p. 19). Segundo o autor (2005, p. 20),

> criticaram-na por perceber a comunicação como um processo unidirecional (monológico) e vertical (impositivo) de transmissão de mensagens de fontes ativas para receptores passivos, em cuja conduta exercem pressão persuasiva para garantir a realização dos efeitos que buscam. Criticando-a por mecanicista, autoritária e conservadora, vários comunicólogos da região assumiram, gradativa, mas resoluta e criativamente, o desenho de diretrizes básicas para a construção de um modelo diferente. Ou seja, começaram a pensar a natureza do fenômeno da comunicação em função de sua realidade econômica, social, política e cultural.

Aos poucos, portanto, acontece um processo de ressignificação – ou, ao menos, de ampliação de significado – da palavra "desenvolvimento", principalmente no contexto da comunicação. E, para se buscar essa diferenciação, novos termos também surgem, na expectativa de se melhor refletir uma proposta sustentável e apoiada integralmente no ser-humano, tais como comunicação para a mudança social, comunicação para a transformação social, comunicação para a cidadania, comunicação participativa.

A partir da concepção desse "outro desenvolvimento", o modelo participativo incorpora noções como horizontalidade e democratização de acesso, no sentido da liberdade de comunicação e do direito à comunicação enquanto poder de comunicar[22]. A proposta é democratizar a comunicação por meio do acesso, representado pelo direito de receber mensagens, pelo diálogo, como direito de emitir mensagens e pela participação, com a culminância da comunicação horizontal, porque proporciona oportunidades de as pessoas se expressarem segundo suas demandas e livres de quaisquer interferências. Mais do que um processo que favorecer o "escutar", tende a proporcionar o "ouvir", permitindo o respeito às diferenças e a compreensão mútua.

Como a participação implica em uma "equitativa distribuição do poder econômico e político" (SERVAES, 2000, p. 21), ela também favorece a multiplicidade, a identidade cultural local, o acesso, a autogestão, a horizontalidade e o diálogo. Trata-se, portanto, de uma nova cultura de comunicação que coloca as diferenças humanas como centro da atividade comunicativa, resultando em um processo de ação para coordenação de ações entre diferentes, mas que aprendem a se compor, a escutar e ouvir uns aos outros, conforme defende Jorge González (2015, p. 319-320).

Não obstante esse modelo também não esteja livre de contradições, aspectos inerentes ao curso de seu aperfeiçoamento constante, interessa-se mais pelo processo e pelo contexto de sua *práxis* do que aos efeitos, por exemplo, haja vista sua concepção de produção, troca e intercâmbio horizontal de significados e sentidos. É desse processo comunicativo, seja interpessoal ou mediado, que se constrói novos conhecimentos e inovações. Fala-se, então, de uma comunicação que, de forma endógena, nasce das próprias dinâmicas sociais.

Os projetos de comunicação participativa, segundo Servaes (2000, p. 22), aceitam basicamente dois princípios da comunicação democrática. O primeiro deles é seu embasamento na pedagogia dialógica de Paulo Freire. O segundo inclui ideias de acesso, participação e autogestão. Assim, são as próprias pessoas que se assumem como sujeitos plenos dos processos político-comunicativos. Como aponta o próprio Relatório MacBride (UNESCO, 1983, p. 277),

---

22 Conforme explicitamos em outro texto. Ver Peruzzo e Volpato (2010) e Peruzzo (2005).

também outro importante marco[23] de discussão sobre o fluxo unidirecional que pairava pelo mundo, para que esta comunicação rompa este caráter vertical e elitista, há que se promover um processo comunicativo no qual o indivíduo assuma sua figura como elemento ativo, que favoreça a constante interação e troca de mensagens e aumente o grau e a qualidade da participação social.

Reconhece-se, portanto, o ser humano como eixo central do processo comunicativo. Como relembra Peruzzo (2014, p. 181),

> inserida nos contextos locais, respeitando as culturas, reconhecendo a existência de antagonismos e de lentidão na dinâmica de transformação social, a questão central passa a ser a premência de os processos e meios de comunicação se colocarem em benefício da ampliação da cidadania e que esta é construída pelos próprios cidadãos, na sua interação com as outras forças constitutivas da sociedade. A comunicação a partir deste enfoque pretende se alinhar a um modelo de desenvolvimento que só faz sentido se promover a igualdade no acesso à riqueza e o crescimento integral da pessoa e de todos, ou seja, se tiver como mola-mestra o ser humano.

A participação também exige envolvimento nos processos de deliberação e decisão sociais. Mas não se trata apenas de dar voz a quem não a tem porque os cidadãos têm suas opiniões e pontos de vista particulares, mas sim de dar visibilidade às suas manifestações e ideias, criando canais de participação efetiva, ou seja, empoderar e dar visibilidade às vozes populares. Pelo menos também é o que defende o Seminário de Comunicação Grupal, realizado em Quito, no Equador, em 1977. Como assegura Merino Utreras (1988, p. 27),

> participação é a situação pela qual os integrantes e um grupo tomam parte, tanto no processo de comunicação em si como nos objetivos últimos do processo, ou seja, quando existe um envolvimento no processo de tomada de decisões e demais etapas do processo social, entre todos os integrantes do grupo.

Então, quais as formas e possibilidades de participação nos processos comunicativos e meios de comunicação?

Jorge Merino Utreras (1988, p. 28-29) é quem propõe os seguintes níveis: a) produção: quando as pessoas produzem programas e mensagens; b) tomada de decisões: os cidadãos se envolvem no conteúdo e na duração dos programas, no controle, administração e financiamento das organizações de comunicação; c) planejamento: que compreende o direito do povo na definição dos planos e políticas, definição de objetivos, gestão, programação, atividades,

---

23   Ver também Antología de comunicación para el cambio social, organizada por Gumucio-Dagron e Tufte (2008).

metas, financiamento, além da formulação de planos de comunicação nacionais, regionais e locais.

Ampliando as possibilidades, Cicilia Peruzzo (2004, p. 144-145) propõe, por conseguinte, uma nova classificação: a) mensagens: participação nas entrevistas, depoimentos, denúncias, avisos etc; b) produção de mensagens, materiais e programas: participação na produção de notícias, artigos, poesias e desenhos transmitidos pelo meio de comunicação, além da preparação (linha política, objetivos, estrutura, conteúdo), elaboração (textos, roteiros, locução) e edição (seleção, cortes) de materiais midiáticos; c) planejamento dos meios: participação na política editorial, objetivos, formatação dos programas, gestão, formas de sustentação financeira; d) gestão dos meios: participação no processo de administração e controle do veículo.

E se queremos promover um outro desenvolvimento, temos que garantir também uma outra comunicação, ferramenta esta necessária para este novo marco civilizatório. E esse processo, no atual cenário social, também está em nossas mãos, como lembra Bordenave (2012, p. 5-6), para quem

> a comunicação em si mesma é um processo neutro que pode ser utilizado para dizer a verdade ou para mentir, para construir ou para destruir, para juntar ou para separar, para educar ou para deseducar. Nas mãos do Professor Paulo Freire, a comunicação se torna instrumento de conscientização; nas mãos de muitos apresentadores de televisão, torna-se promotora toda poderosa do consumismo e avançado do capitalismo. Críticos dos programas infantis da apresentadora brasileira Xuxa lhe atribuem a função de converter os meninos de hoje nos consumidores de amanhã. As faculdades de comunicação formam pessoas organicamente funcionais para os meios comerciais, mas também formam pessoas para os meios púbicos e comunitários.

Assim, a comunicação que acontece nessa perspectiva participatória é aquela que possui interesse e foco no desenvolvimento cidadão, nasce das próprias necessidades de grupos locais, desenvolve um trabalho autônomo, sem fins comerciais e procura favorecer a coletividade. Pode se dar na vertente da chamada comunicação popular e comunitária, quando é forjada e protagonizada no seio de segmentos subalternos organizados e em processo de reivindicação e conquista de seus direitos, mas também na linha da comunicação local que, mesmo figurando institucionalmente como empresa, mantém-se firme em sua vocação e projeto, favorecendo estratégias de participação popular, construindo e promovendo as identidades locais, primando pelo desenvolvimento integral de seu entorno, aberta à multiplicidade e até à contestação de instituições dominantes ou de instâncias de poder.

Apesar de que nesse tipo de comunicação não há reservas e ressalvas. Há casos de programas de abrangência nacional que, por seu conteúdo, acabam por contribuir muito mais com a cidadania e o desenvolvimento humano integral do que uma emissora de rádio de âmbito local que se fecha à participação e se presta apenas ao proselitismo religioso, à difusão de interesses particulares, à promoção de partidos políticos ou à reprodução de conteúdos e esquemas da grande mídia, por exemplo.

Portanto, a comunicação para o desenvolvimento, na perspectiva da mudança social, um de seus paradigmas mais recentes (GUMUCIO-DAGRON, 2011, p. 37), assume-se como um processo de diálogo ou de debate com objetivo elucidativo, ou seja, com prática da tolerância e do respeito, no sentido de esclarecer e resolver alguma questão. Prima, então, mais pela dinâmica que se dá no processo participativo do que pelo produto que se tem como resultado ou por seus efeitos na audiência.

Esforça-se, assim, para tratar de uma comunicação que também tem como legado a valorização da cultura e das tradições e não a sua aniquilação, como pretendia a modernização. Então, como indica Gumucio-Dagron (2011, p. 37-38), a comunicação para a mudança social[24] contempla algumas premissas: a) a sustentabilidade das mudanças sociais é mais segura quando os indivíduos se apropriam do processo e dos conteúdos comunicacionais; b) deve ampliar as vozes dos mais pobres e ter como eixo conteúdos locais e a noção de apropriação do processo comunicacional; c) as comunidades devem ser agentes de sua própria mudança e gestoras de sua própria comunicação; d) no lugar de ênfase na persuasão e na transmissão de informações e conhecimentos, promove o diálogo, o debate e a negociação a partir do seio da comunidade; e) os resultados do processo vão além dos comportamentos individuais e levam em conta as normas sociais, políticas vigentes, a cultura e o contexto do desenvolvimento; f) é o diálogo e a participação, com o propósito de fortalecer a identidade cultural, a confiança, o compromisso, a apropriação da palavra e o fortalecimento comunitário; g) rechaça o modelo linear de transmissão de informação a partir de um centro emissor para um indivíduo receptor e promove um processo cíclico de interações a partir do conhecimento compartilhado.

---

24 Ver também "Communication for Social Change: a position paper and Conference report", de Gray-Felder e Deane (1999). Segundo este relatório de reuniões que aconteceram em Bellagio (Itália) e em Cidade do Cabo (África do Sul), entre 1997 e 1998, a comunicação para a mudança social pode ser "um processo de diálogo público e privado pelo qual as pessoas definem quem são, o que querem e como o querem. A mudança social é definida como a mudança na vida das pessoas, uma vez que elas mesmas definam esta mudança. Este trabalho busca particularmente melhorar a vida dos marginalizados política e economicamente e é formado por princípios de tolerância, autodeterminação, equidade, justiça social e participação ativa para todos" (GRAY-FELDER; DEANE, 1999, p. 8).

2.3 O modelo a partir da lógica do *buen vivir*

Apesar de as discussões sobre as premissas de desenvolvimento a partir da ótica do *buen vivir* terem seu início em 1998, por Euclides Mance, como se disse anteriormente, ainda são incipientes as aproximações e articulações entre tal proposta e a Comunicação. Alejandro Barranquero (2012a, 2012b) tem sido um dos precursores teóricos neste sentido, conforme também já registraram Denise Cogo, Catarina Oliveira e Daniel Lopes (2013, p. 10).

A despeito da trajetória histórica e das constantes atualizações de significado acerca da comunicação para o desenvolvimento, os estudos sobre a ideia do *buen vivir* tem oferecido profícuo campo para sua crítica, por motivos diferentes, mas, sobretudo, por esta ainda apresentar traços excessivamente instrumentais, mecanicistas e lineares, precisamente heranças da teoria da modernização.

A própria nomenclatura "comunicação para a mudança social", segundo a crítica de Barranquero (2012a, p. 65-66), já denuncia seu vínculo com as primeiras propostas dos modernizadores, uma vez que insiste na comunicação como uma ferramenta que apoia os objetivos particulares e específicos, como o desenvolvimento, a cidadania, o meio-ambiente e assim por diante. Traz, portanto, uma concepção da comunicação como instrumento, o que acentua seu caráter acessório, em um esquema fragmentado de conhecimento, ignorando até mesmo sua natureza híbrida e interdisciplinar. Com esse olhar, o autor (2012a, p. 66) questiona o uso da preposição "para" e defende o uso de uma simples conjunção "e", como, por exemplo, em "comunicação e gênero" e até em "educomunicação".

Reconhece-se a nova concepção crítica que a noção de "mudança social" trouxe para o sentido mercantilista que exalava da ideia originária de desenvolvimento, contudo, por carregar certa herança assistencialista, esta ainda parece não dar conta da hibridez do fenômeno comunicacional e de seus vínculos sincrônicos com o indivíduo, com o coletivo e com o meio social. Da mesma forma, também é digno de nota o que Barranquero (2012b, p. 8) aponta em outro texto. Para além desses adjetivos e rótulos dados à comunicação,

> se queremos continuar falando de mudança social, temos que empregar o termo não para apelar a uma mudança gerada por, em ou a partir do seio das populações, mas para insistir na necessidade de uma transformação radical das atuais estruturas sociais, políticas ou econômicas atuais, uma autêntica mudança de paradigmas ou uma reconfiguração dos marcos cognitivos e axiológicos que hoje nos guiam, a fim de dignificar a vida humana e de neutralizar o universo do homem frente à lógica de controle fáustico da natureza a qual nos interpela o falido conceito de desenvolvimento e seus substitutos.

Por conseguinte, Barranquero (2012a, p. 66-67) também aponta para a ótica excessivamente universalista e instrumental constante na comunicação para a mudança social, que também seria proveniente de uma sociologia funcionalista norte-americana. Ainda, tal perspectiva acaba por ignorar a multiplicidade e a complexidade dos diferentes tecidos que compõe a vida em modelo coletivo, ao incentivar uma metodologia de mudança a partir de uma base comum ao grupo, o que tende a menosprezar a importante dimensão individual do desenvolvimento. Aliás, são as próprias mudanças capazes de desenvolver habilidades individuais para que cada sujeito tenha condições próprias de, em um processo de liberdade, desenvolver-se da forma que julgar mais justa e equânime.

Uma terceira crítica diz respeito à concepção da mudança social ser a mesma do desenvolvimento, reciclando e preservando a mesma essência. Toda e qualquer mudança sempre aponta para um processo de evolução, de movimento rumo a um objetivo ou a uma direção (*telos*). Mas, na perspectiva do *buen vivir*, essa ideia ainda reproduz a do crescimento econômico ou, ainda, se relaciona ao aumento da capacidade de consumo ou da produção ilimitada. Como alerta Barranquero (2012a, p. 67),

> o novo paradigma da comunicação para a mudança social apela ao endógeno, mas preserva inconscientemente o traçado exógeno e universalista que tão trágicos resultados trouxeram para os recursos do planeta. Se uma das premissas do comunicador para a mudança é o respeito pela autonomia e diversidade das culturas, não podemos seguir insistindo na ideia de desenvolvimento ou de progresso, especialmente porque há grupos que não querem ou não precisam mudar, mas manter e consolidar suas antigas estruturas. Por outro lado, outras culturas, como as do capitalismo avançado, estão obrigadas a decrescer ou, ao menos, a articular uma relação mais harmônica com a natureza. Em suma, o ser humano precisa da comunicação e da cultura não para evoluir em qualquer direção, mas para pensar ou articular antigas e novas cosmovisões e modos de vida, consistentes com a solidariedades comunal e com a sustentabilidade da vida humana na Terra.

A comunicação na perspectiva do *buen vivir* traz, portanto, uma oportunidade de se repensar suas próprias concepções e também aquelas da mudança social, em um momento em que os atuais modelos, tanto social como comunicacional, parecem ser questionados. Dessa forma, a comunicação é vista a partir de suas múltiplas relações com as também múltiplas esferas que compõem a vida humana, isto é, como "parte constituinte e constitutiva de uma nova cosmovisão que ajude a integrar as dimensões da cultura e da natureza", como orienta Barranquero (2012b, p. 9). Trata-se de uma comunicação desocidentalizada, ou seja, livre de qualquer herança de matriz capitalista, e entendida como direito humano[25].

Em resumo, e com base nos autores estudados (BARRANQUERO, 2012a, 2012b; BARRANQUERO; SÁEZ-BAEZA, 2015), as principais críticas apontadas à equação "comunicação para a mudança social", a partir da cosmovisão andina do *buen vivir* são: a) a noção ainda adota um viés instrumental, colocando a comunicação como uma ferramenta a serviço de alguma coisa e não como um processo de potencial interdisciplinar e de cocriação de conhecimentos; b) apresenta também heranças do funcionalismo e da modernização, principalmente ao propor um progresso que tende ao mecanicista, ao produtivismo e ao burocrático, com base na divisão de trabalho das sociedades industriais; c) despreza a importância do desenvolvimento de competências e habilidades individuais ao focar demasiadamente no progresso coletivo, ignorando a própria liberdade e a vontade de cada sujeito em viver a vida segundo o modelo que reconhece e que julga justo para si e para o meio; d) a expressão "mudança social" recupera uma concepção "antropocêntrica" de desenvolvimento, mantendo o homem em uma relação intervencionista com a natureza, negligenciando um viés "biocêntrico" que o coloca inserido em um ecossistema, a partir de uma tomada de consciência baseada em uma "nova racionalidade ambiental", capaz de enfrentar os desafios ecológicos que se apresentam; e) a ideia de "mudança social" tende a idealizar e mistificar a vida em comunidade, insistindo no popular como algo totalmente puro da cultura massiva, quando, na verdade, o alternativo, o popular e o comunitário devem ser compreendidos a partir de múltiplas mediações com o massivo; f) por apontar o movimento para uma direção (*telos*), assume um estado anterior de fragilidade que necessita ser melhorado por meio de algum tipo de intervenção, o que, involuntariamente, ainda reproduz a lógica do antigo e linear desenvolvimento econômico.

Como se parece, o desafio é, portanto, no sentido de criar condições e estratégias para se pensar uma comunicação para sair do desenvolvimento[26], já que a proposta é de abandonar a tal concepção linear de progresso, que parte de um estado menos evoluído, ou seja, de subdesenvolvimento, para a conquista de um outro, o desenvolvido. Em vez de problematizar a exclusão e a pobreza a partir de uma perspectiva de posses materiais, o *buen vivir*, nos convida a um viés processual, de contexto, voluntário, isto é, livre de qualquer resquício de dominação, mas que nasce do próprio e espontâneo reconhecimento individual, ideia na qual também se incluem os limites do ambiente e a equidade. Tal como a visão de perfeito equilíbrio andina, tudo,

---

25 Ver Peruzzo e Volpato (2010).
26 Ver a noção de pósdesenvolvimento de Barranquero e Sáez-Baeza (2015).

todas e todos têm sua importância, estão interdependentes, em relação íntima de solidariedade e complementaridade, noção condensada do significado do termo aymara "ayni" (HUANACUNI MAMANI, 2010).

Seguindo este raciocínio, algumas aproximações entre comunicação e *buen vivir*, segundo Barranquero e Sáez-Baeza (2015, p. 63-66), podem ser resumidas da seguinte forma: a) o *buen vivir* ajuda a comunicação a se livrar das limitações do instrumentalismo (comunicação "para") para se configurar como espaço simbólico de resistência aos marcos culturais insustentáveis, ou seja, uma nova cultura de sustentabilidade a partir de um diálogo entre disciplinas, regiões e grupos humanos, que ultrapasse os saberes totalitários e colonizadores da modernidade; b) uma vez que o significado de comunicação e desenvolvimento não é unânime entre os diferentes povos, o *buen vivir* permite uma perspectiva mais ampla, integral e complexa do campo, já que muitas culturas do mundo necessitam da comunicação para manter, consolidar e enriquecer seus imaginários, diferente da matriz moderna quando a comunicação opera para difundir mudanças de atitudes e valores; c) para além de uma ideia da comunicação como coadjuvante presa a rótulos, o *buen vivir* coloca-a em perspectiva interdisciplinar e de diálogo, entendida no sentido do respeito e da igualdade; d) o *buen vivir* questiona o sistema de cooperação desequilibrada e desigual que existe, atualmente, no intercâmbio e no fluxo comunicacional entre os ditos países do Norte e do Sul.

Em decorrência das reflexões apresentadas, resta-nos ainda assim pontuar quão oportunos parecem ser os apontamentos e críticas acerca das inter-relações entre comunicação e desenvolvimento e comunicação e mudança social, permitidos sob a luz do *buen vivir*. Não obstante esse seja um projeto, até o momento, ainda em curso, principalmente quando relacionado à comunicação social, e que, por isso, necessite de melhores aprofundamentos no que tange suas aplicações no processo de libertação da mercantilização social e das marcas da dependência e da modernização, torna-se muito evidente que, ao mesmo passo, já oferece profundas críticas aos modelos anteriores de desenvolvimento. Mais do que uma ruptura de paradigmas, com novos horizontes conceituais e epistemológicos para o setor, renova-se, mais uma vez, a expectativa e a esperança na construção de um mundo de justiça, liberdade e paz.

CAPÍTULO III
O JORNALISMO NO INTERIOR PAULISTA

1. Breve histórico da imprensa no interior paulista

A trajetória histórica e a marcha da imprensa para o interior paulista, apesar das escassas obras sobre o assunto[27], denota como e o quanto o surgimento e avanço dos jornais estiveram relacionados ao poder econômico e político das cidades e regiões.

Voltar o olhar para o avanço da atividade jornalística rumo ao interior paulista torna evidente, inclusive, que o estabelecimento da imprensa no Estado foi lento e teve também suas dificuldades, principalmente pela censura existente na época. Tanto é que o surgimento do "O Paulista", em Sorocaba (SP), primeiro jornal paulista de que se tem história deu-se em 1842, ou seja, 34 anos depois do início da imprensa brasileira, datado de 1808.

Como explica Ortet (1996, p. 122),

> O surgimento dos principais jornais no interior de São Paulo [...] esteve estreitamente vinculado ao desenvolvimento econômico, industrial, sócio-cultural, político e urbanístico de cada uma das cidades. Refletia paralelamente a necessidade das classes dominantes de manifestarem pontos de vista sobre cada aspecto da dinâmica do desenvolvimento local.

Como registrou Almeida (1983, p. 35-41), depois do *O Paulista*, em 1842, em Sorocaba, registra-se a fundação, no Estado de São Paulo, de títulos como a *Revista Comercial*, em 1849, em Santos, o *O 25 de Março*, em 1857, em Itu, e o *Aurora Campineira*, em 1858, em Campinas. Em Bauru, o primeiro título seria em 1906, com o *O Bauru*. Em outro registro (CINTRA SOBRINHO, 2005, p. 185), encontra-se que o primeiro jornal a circular na cidade foi o *Progresso de Bahuru*, em 1905. Sendo que, foi entre 1880 e 1889 o período que Freitas (*apud* ALMEIDA, 1983, p. 43) chamou de "aluvião de periódicos", quando do maior índice de lançamento de títulos.

---

27 Entre elas estão, por exemplo, as contribuições de Wilson Bueno (1977), Gastão Thomaz de Almeida (1983) e Dirceu Fernandes Lopes, José Coelho Sobrinho e José Luiz Proença (1998). Ainda, nesta frente, a partir do início do Século XXI, registra-se as contribuições da Rede Alfredo de Carvalho, conhecida por Rede Alcar, criada em 2001 e transformada em Associação Brasileira de Pesquisadores de História da Mídia, em 2008.

Apenas a título de exemplificação, segundo levantamento de Almeida (1983, p. 43-48) o número de jornais fundados apenas no Estado, entre 1823 a 1945, chega a 1.081. Entretanto, por essas datas nem tudo pode ser compreendido. A efemeridade dos títulos de jornais, na época, nessa região, era muito grande. Sem dúvida, uma limitação econômica, técnica e de compromisso e interesse político. Ainda, apenas em Campinas, 87 anos depois de seu primeiro título chegar às bancas, 76 jornais chegaram a circular por lá (ALMEIDA, 1983, p. 46-47).

De lá para cá, apesar de muito avanço tanto técnico-profissional, econômico, quanto digital, com o "modelo artesanal" (BUENO, 2013, p. 45) já cedendo espaço para processos jornalísticos profissionais, é o próprio processo histórico desses jornais que evidencia que a chamada "grande imprensa" servia e ainda serve como principal modelo e referência, inclusive como objetivo a ser alcançado, seja pela linguagem ou mesmo pelo formato de impressão e tendências de cobertura, conforme também ainda veremos neste capítulo.

Se naquela época, vários títulos tinham vida curta por questões financeiras (ORTET, 1996, p. 122), os jornais atuais enfrentam uma nova problemática de subsistência, com o avanço do digital e uma tendência a não valorização, por parte dos anunciantes, dos formatos *online* de publicidade. Vive-se uma disparidade entre audiência e sustentabilidade, e uma consequente nova crise.

1.1 O Jornal da Cidade

Localizada na porção central do Estado de São Paulo, a cerca de 320 km da Capital, Bauru ocupa uma área de 673.488 km² e conta com população de mais de 374 mil habitantes, segundo dados estimados pelo IBGE para 2018. Sua região é considerada o maior entroncamento rodohidroferroviário do interior da América Latina, contando com rodovias e ferrovias que fazem conexão com diferentes pontos do território brasileiro, até países do Mercosul. Além do Aeroporto Bauru-Arealva, a cidade está a 25 km do Porto Intermodal do Rio Tietê, em Pederneiras, que conecta desde os Estados de Goiás e Mato Grosso ao Porto de Santos.

Entre os meios de comunicação, Bauru é sede de emissoras afiliadas de TV, como a RecordTV Paulista e a TV TEM Bauru, da Rede Globo. Conta, ainda, com rádios como 94 FM, 96 FM, Unesp FM e Auri-Verde. Entre os jornais impressos, o Jornal Bom Dia, do mesmo grupo da TV TEM[28], circulou na cidade por nove anos, encerrando suas atividades em 2015.

---

28 Afiliada à Rede Globo, foi fundada em 2003 pelo empresário J.Hawilla. Possui uma cobertura de quase 320 municípios do interior paulista, o que representa quase metade do Estado. É resultado da fusão e reunião, em rede, da TV Aliança, de Sorocaba, da TV Modelo de Bauru, da TV Progresso, de São José do Rio Preto e da TV Itapetininga, de Itapetininga.

Por sua vez, o Jornal da Cidade foi fundado em agosto de 1967, por um grupo de lideranças da cidade, tendo como principal executivo o engenheiro Alcides Franciscato, que no ano seguinte seria eleito prefeito e depois, deputado federal. Segundo dados reunidos por Marques de Melo e Queiroz (1998, p. 67), o jornal teria sido, já na década de 1970, o pioneiro na impressão *off-set* no interior paulista. O sistema trazia maior velocidade para impressões de grande tiragem.

Foi em 1996 que o jornal se rendeu ao digital, criando sua versão para a Internet. Hoje, segundo dados do próprio jornal, conta com mais de 6 milhões de visualizações mensais, enquanto que, segundo o SimilarWeb (SIMILARWEB, *online*[29]), o website conta com mais de 1,8 milhões de visitas únicas mensais. Além disso, sua versão impressa circula por 46 cidades da região, com mais de 100 mil leitores habituais, por edição.

Ao todo, o Jornal da Cidade conta com um time de 180 pessoas. Apenas na equipe editorial, há por volta de 30 profissionais sob a direção de redação de João Jabbour. Em 2019, segundo João Jabbour[30], editor-chefe do jornal, o Jornal da Cidade integrava o Grupo Cidade, que também gere a 96 FM e a Fullgraphics, gráfica onde o jornal também é impresso. O grupo também possui ligações com a Expresso de Prata, que atua no transporte de passageiros em ônibus, e de uma construtora local.

1.2 O Cruzeiro do Sul

Considerada a quarta cidade mais populosa do interior paulista, segundo dados do IBGE (AGÊNCIA IBGE, 2018, *online*[31]), a cidade de Sorocaba integra o chamado Complexo Metropolitano Expandido, uma mega região composta pela Grande São Paulo, região de Campinas e Baixada Santista. Economicamente, ainda segundo dados do IBGE (PREFEITURA DE SOROCABA, 2018, *online*[32]), apenas o município de Sorocaba foi responsável por um PIB (Produto Interno Bruto) superior a R$ 30 bilhões, em 2016.

Nos meios de comunicação, Sorocaba conta com emissoras de TV como a TV Sorocaba, afiliada ao SBT, a TV TEM, da Rede Globo, emissoras de rádio como a Rádio Cruzeiro do Sul e a Ipanema, além de jornais como Cruzeiro do Sul, Ipanema e Diário de Sorocaba.

Fundado em junho de 1903, por Joaquim Firmiano de Camargo Pires (Nhô Quim Pires) e seu irmão João Clímaco, além do apoio de algumas lideranças políticas da cidade, o Cruzeiro do Sul nasce como um jornal bissemanal.

---

29 Disponível em: https://www.similarweb.com/website/jcnet.com.br#overview
30 Em entrevista concedida ao autor.
31 Disponível em: https://agenciadenoticias.ibge.gov.br/agencia-sala-de-imprensa/2013-agencia-de-noticias/releases/22374-ibge-divulga-as-estimativas-de-populacao-dos-municipios-para-2018
32 Disponível em: http://agencia.sorocaba.sp.gov.br/sorocaba-tem-o-10o-maior-pib-do-estado-e-o-22o-do-pais/

Sessenta anos depois, em 1963, o jornal dá início a uma nova fase, sendo assumido por pessoas ligadas à Maçonaria, com objetivo de torná-lo uma instituição sem fins lucrativos. Um ano depois nascia a Fundação Ubaldino do Amaral[33], até hoje a mantenedora do Cruzeiro do Sul e do Colégio Politécnico de Sorocaba.

Segundo dados de 1995 (MARQUES DE MELO, QUEIROZ, 1998, p. 66), naquela época, o Cruzeiro do Sul era lido por uma média de 77% dos leitores da cidade, com predominância da Classe A. Mas, do início da década de 1990 para cá, segundo José Carlos Fineis[34], então editor do jornal, o número de leitores do impresso vem decrescendo, chegando à atual tiragem, em torno de 17 mil exemplares. Tudo isso, somado ao período de crise econômica vivida após 2013, o jornal procurou repensar suas estratégias de negócios, encarando com mais seriedade o *online*. Atualmente, o jornal conta com pouco mais de 40 pessoas entre as equipes de jornalismo e administrativas.

1.3 O Correio Popular

Segundo estimativas do IBGE (AGÊNCIA IBGE, 2018, *online*[35]) para 2018, com quase 1,2 milhões de habitantes, Campinas é o terceiro município mais populoso do Estado, ficando atrás da Capital e de Guarulhos. Com proximidade e facilidade de acesso à Região Metropolitana, o município registrou um PIB de mais de 58,5 bilhões, em 2016[36]. Configura-se, ainda, como um polo nacional de ciência e tecnologia, inclusive por força da atuação de universidades como a Unicamp, a Fundação Getúlio Vargas (FGV), a PUC-Campinas, entre outras.

Entre os meios de comunicação, conta com uma sólida presença e atuação de veículos como a EPTV, afiliada da Rede Globo, Band Campinas, do Grupo Bandeirantes, Destak Campinas, Metro Campinas, Rádio Band FM, CBN Campinas, e Nativa FM, além do Correio Popular, jornal integrante da Rede Anhanguera de Comunicação. Ainda entre os jornais impressos, a cidade teve importante participação do Diário do Povo, fundado em 1912 e ligado ao ex-governador Orestes Quércia, adquirido por seu principal concorrente, o Correio Popular, e fechado em 2012.

A história do Correio Popular começa em setembro de 1927, por força do jornalista e político Álvaro Ribeiro, além de seu irmão Antônio Joaquim Ribeiro Júnior e seu sobrinho Ademar Fonseca Ribeiro. Já em 1938,

---

33 Ver mais em: https://www.fua.org.br/
34 Entrevista concedida do autor em 27 de março de 2018.
35 Disponível em: https://agenciadenoticias.ibge.gov.br/agencia-sala-de-imprensa/2013-agencia-de-noticias/releases/22374-ibge-divulga-as-estimativas-de-populacao-dos-municipios-para-2018
36 Disponível em: https://cidades.ibge.gov.br/brasil/sp/campinas/pesquisa/38/47001?tipo=ranking

é comprado pelo empresário Sylvino de Godoy, que ficaria à frente de sua administração por mais de 30 anos (CORREIO POPULAR, 2013, *online*[37]).

Conforme também identificado em outra pesquisa (MARQUES DE MELO, QUEIROZ, 1998, p. 100), o Correio possui uma história bastante diversificada quanto à sua administração. Até mesmo um provedor de Internet, o Correio Net, chegou a ser criado, em 1996, ano também do início de uma parceria com a Tribuna de Santos e o Diário do Grande ABC, para a criação da Agência Regional de Notícias, com objetivo de troca e comercialização de material jornalístico.

Ainda em 2019, o Correio era integrante do Grupo RAC (Rede Anhanguera de Comunicação), o que, segundo Cynthia Andretta (2016, p. 133), constitui "o maior grupo de mídia impressa no interior do Estado de São Paulo, com jornais e revista em Campinas e em Piracicaba". Além dele, também compõem o conglomerado os jornais Notícia Já e a Gazeta de Piracicaba, as revistas Metrópole e a VCP News, do Aeroporto de Viracopos. Há, também, a gráfica GrafCorp e a própria Agência Anhanguera de Notícias, que abastece com conteúdo os diferentes produtos jornalísticos do grupo.

Essa configuração de atuação e modelo de negócio obedece, portanto, uma decisão e posicionamento estratégico de operação. Como também aponta Andretta (2016, p. 135-136), "é importante salientar que a RAC é um modelo de negócio, uma decisão político-administrativa que se ajustou aos interesses da empresa no decorrer do tempo".

Em 2019, a Agência Anhanguera de Notícias, responsável pela produção de todo o conteúdo noticioso sobre a região de Campinas que abastece todos os veículos do grupo, contava com quase 60 profissionais em sua redação, entre repórteres, editores, fotógrafos e designers. Segundo dados do próprio Correio, apenas o portal conta, atualmente, com cerca de 4 milhões de páginas vistas e uma média de 1 milhão e 300 mil visitantes únicos por mês.

2. A pesquisa empírica

Como parte da pesquisa empírica, procurou-se analisar os conteúdos publicados pelos sites dos três jornais, nos três dias selecionados para amostra, conforme detalhado no item Metodologia[38]. A partir da aplicação das fichas de análise, o trabalho focou aspectos relacionados a três grandes categorias: 1) Ao conteúdo editorial; 2) Ao uso dos recursos e potencialidades do digital;

---

37 Disponível em: https://correio.rac.com.br/_conteudo/2013/11/blogs/bau_de_historias/121009-inicio-da--imprensa-em-campinas.html

38 A partir de uma ficha de análise, foram analisados 569 conteúdos dos jornais Jornal da Cidade, Cruzeiro do Sul e Correio Popular, publicados em três dias selecionados de uma "semana construída": terça (23/01), a quinta (08/02) e o domingo (04/03). Um melhor detalhamento sobre a escolha dos jornais e sobre os demais procedimentos podem ser encontrados no item Metodologia, no início do trabalho.

3) Ao conteúdo publicitário. Os resultados dessas análises são apresentados nos tópicos abaixo.

Parte-se desses pontos porque, de certa forma, acredita-se que o ato de mapeá-los configura-se como um primeiro passo no sentido de melhor entender suas estruturas, assim como algumas das características de quem produz tais conteúdos e como o fazem.

2.1 Conteúdo editorial

Do ponto de vista do conteúdo editorial, procurou-se avaliar aspectos como o vínculo geográfico do conteúdo, a origem de sua produção, os assuntos cobertos, tendências de enfoques, abordagens mais recorrentes, gêneros e formatos jornalísticos, assim como a fonte jornalística referenciada na narrativa jornalística.

2.1.1 Vínculo geográfico dos conteúdos jornalísticos

a) Jornal da Cidade

De um total de 201 conteúdos coletados e analisados durante os três dias de amostra, 61 deles são relacionados a assuntos locais (30,3%), enquanto que 17 são regionais (8,5%), 99 são nacionais (49,3%) e 24 são internacionais (11,9%). Os dados apontam que, apesar do jornal pretender assumir a localidade como sua prioridade, a maior parte (61,2%) de seus conteúdos *online* diz respeito a uma cobertura jornalística nacional e internacional. Apenas 38,8% dos conteúdos exploram aspectos do local e do regional (ler gráfico a seguir). Isto não significa que esta "vocação local" não exista, mas, evidencia que ela é parcial ou limitada.

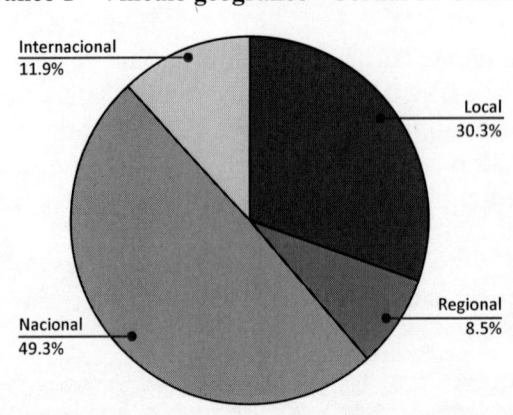

Gráfico 1 – Vínculo geográfico – Jornal da Cidade

b) Cruzeiro do Sul

Nos três dias analisados, o Cruzeiro do Sul publicou 193 conteúdos. Destes, 85 são relacionados a assuntos locais (44%), 8 são regionais (4,1%), 62 nacionais (32,1%) e 38 são internacionais (19,7%). Sendo assim, 51,8% dos conteúdos são de coberturas nacionais ou internacionais, enquanto que 48,1% tratam do local e regional. Apesar de uma tímida cobertura regional, isto é, das cidades do entorno de Sorocaba, há uma forte presença nas temáticas locais. O jornal apresenta, portanto, um foco muito mais na cidade de Sorocaba, ainda que a cobertura nacional seja bastante expressiva.

Gráfico 2 – Vínculo geográfico – Cruzeiro do Sul

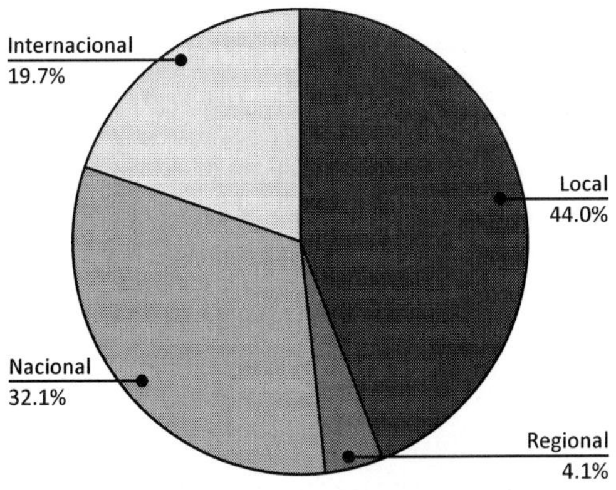

- Internacional 19.7%
- Local 44.0%
- Nacional 32.1%
- Regional 4.1%

c) Correio Popular

No período analisado, 175 conteúdos foram publicados pelo Correio.com. Destes, 45 tratavam de temáticas locais (25,7%), 26 de assuntos regionais (14,9%), 72 de uma cobertura nacional (41,4%) e 32 daqueles internacionais (18,3%), conforme gráfico abaixo. Neste sentido, em comparação com os outros jornais analisados, o regional tem melhor presença na cobertura do Correio. Entretanto, o maior foco editorial fica para temáticas de interesse nacional. Ou seja, quase 60% dos conteúdos publicados no Correio.com, nos três dias analisados, dizem respeito a uma cobertura internacional e nacional.

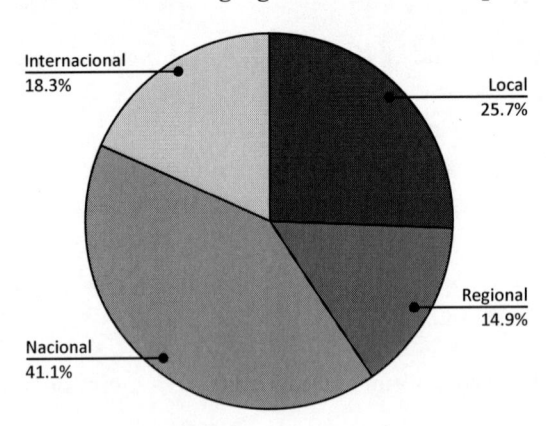

Gráfico 3 – Vínculo geográfico – Correio Popular

- Internacional 18.3%
- Local 25.7%
- Regional 14.9%
- Nacional 41.1%

2.1.2 Cobertura quanto às cidades e países

a) Jornal da Cidade

Do total de conteúdos jornalísticos analisados, 73 (36,3%) deles abordam temas nacionais, 60 (29,9%) relacionam-se à cidade de Bauru, 14 (7%) à cidade de São Paulo, capital do Estado, 7 (3,5%) aos Estados Unidos, 7 (3,5%) ao Rio de Janeiro, 5 (2,5%) a algum assunto Internacional e os demais, em menor proporção, a outros países e cidades da região, como Jaú e São Manuel. Ou seja, a cobertura dos assuntos locais, entendidos aqui como os concernentes à cidade de Bauru, aparece bem próxima da cobertura nacional. Entretanto, a cobertura regional, isto é, das cidades da região, apresenta-se bastante incipiente, como pode ser visto no gráfico a seguir.

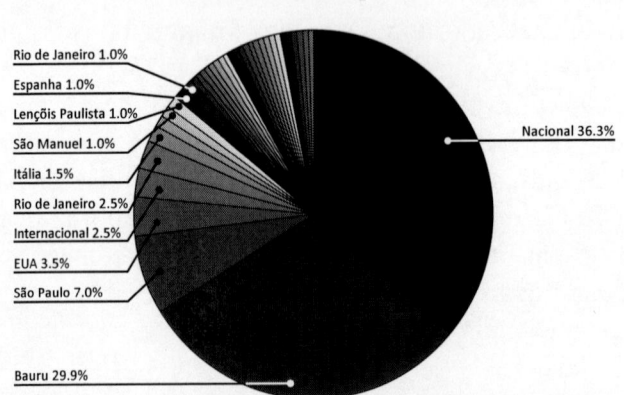

Gráfico 4 – Cobertura de cidades/países – Jornal da Cidade

- Rio de Janeiro 1.0%
- Espanha 1.0%
- Lençóis Paulista 1.0%
- São Manuel 1.0%
- Itália 1.5%
- Rio de Janeiro 2.5%
- Internacional 2.5%
- EUA 3.5%
- São Paulo 7.0%
- Bauru 29.9%
- Nacional 36.3%

b) Cruzeiro do Sul

Quando analisadas as cidades (ou países) a que se referem os conteúdos jornalísticos publicados no período analisado, pelo jornal Cruzeiro do Sul, observamos uma grande cobertura (44%) da cidade de Sorocaba (85), sede do jornal, além de assuntos nacionais, que figuram com 52 conteúdos (26,9%). Apenas quatro cidades da região tiveram cobertura: Votorantim (4), Araçoiaba da Serra (1), São Roque (1), Salto (1). Em "Outras", foram contabilizadas cidades internacionais e também aquelas brasileiras que não fazem parte da região do jornal.

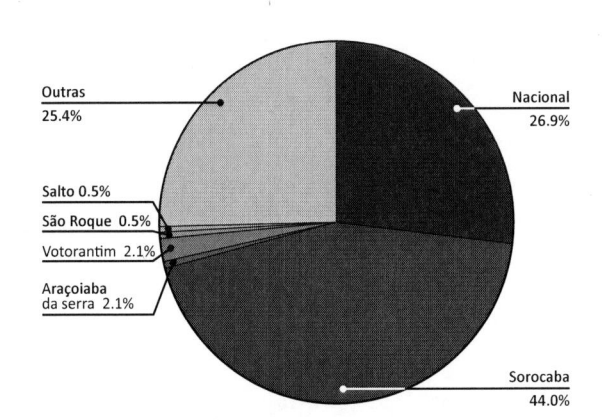

Gráfico 5 – Cobertura de cidades/países – Cruzeiro do Sul

- Outras 25.4%
- Nacional 26.9%
- Salto 0.5%
- São Roque 0.5%
- Votorantim 2.1%
- Araçoiaba da serra 2.1%
- Sorocaba 44.0%

c) Correio Popular

Do total de 175 conteúdos publicados, apenas 45 abordam assuntos de Campinas (25,7%), cidade-sede do jornal, 69 de uma cobertura nacional (39,4%) e 55 das demais cidades brasileiras e internacionais (31,4%). Cinco cidades da região marcam presença na cobertura: Holambra (1), Amparo (1), Valinhos (1), Sumaré (1) e Americana (2). Apesar de um foco não tão grande na cidade sede do jornal, o Correio.com traz uma diversidade de cidades da região parecida com o Cruzeiro, uma possível consequência da atuação da Agência Anhanguera de Notícias na produção de conteúdos sobre a região.

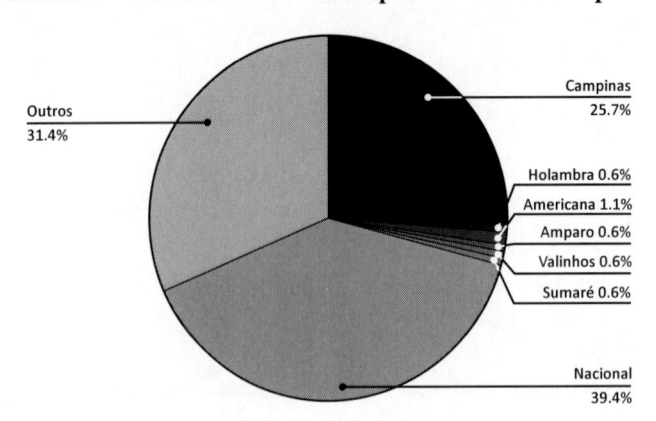

Gráfico 6 – Cobertura de cidades/países – Correio Popular

- Campinas 25.7%
- Holambra 0.6%
- Americana 1.1%
- Amparo 0.6%
- Valinhos 0.6%
- Sumaré 0.6%
- Nacional 39.4%
- Outros 31.4%

2.1.3 Produção dos conteúdos

a) Jornal da Cidade

Quanto à origem e produção dos conteúdos, 110 (54,7%) são reproduções de agências de notícias, 1 (0,5%) é de colunista e apenas 90 (44,8%) é próprio. A partir desses dados e desse índice de réplicas de conteúdos de grandes conglomerados de notícias, como o Estadão Conteúdo e a Agência Brasil, questiona-se em que medida o Jornal da Cidade tem reverberado aspectos de uma comunicação difusionista, conforme tratamos no Capítulo 2. Esta questão ainda espera-se aprofundar no Capítulo 4.

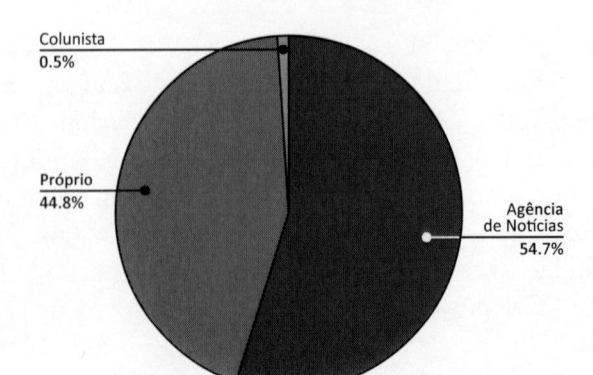

Gráfico 7 – Produção dos conteúdos – Jornal da Cidade

- Colunista 0.5%
- Próprio 44.8%
- Agência de Notícias 54.7%

b) Cruzeiro do Sul

No caso do jornal Cruzeiro do Sul, 94 conteúdos jornalísticos eram de produção própria (48,7%), 82 eram reproduções de Agências de Notícias (42,5%), 5 de colunistas e articulistas da região (2,6%) e 11 conteúdos de blogs parceiros (5,7%). Ainda, 1 conteúdo era de produção de uma instituição local, no caso o Secovi, sindicato do mercado imobiliário. Apesar da maioria dos conteúdos ser própria, a reprodução daqueles vindos de grandes agências é praticamente igual em quantidade. Além disso, o jornal estabelece parcerias não remuneradas com profissionais da região para produção de conteúdos para os blogs do site, cada qual com seu foco e linha editorial independente, conforme veremos no próximo Capítulo. Apesar de, no período analisado, a quantidade de posts dos blogs não ter sido tão expressiva (5,7%), a estratégia é uma alternativa para a ampliação de conteúdos locais publicados pelo portal. A seguir, o gráfico que resume estes dados.

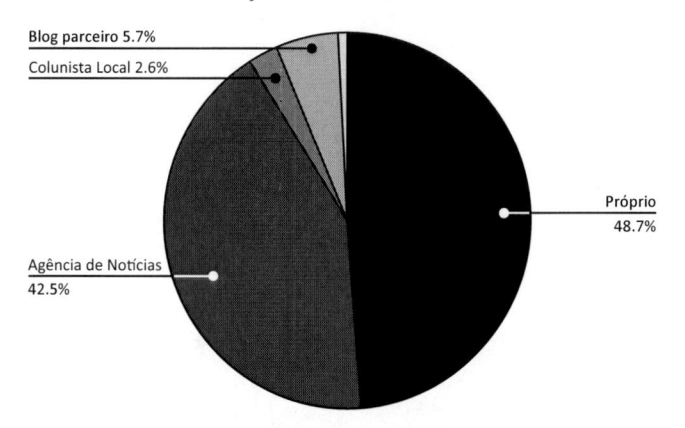

Gráfico 8 – Produção dos conteúdos – Cruzeiro do Sul

- Blog parceiro 5.7%
- Colunista Local 2.6%
- Agência de Notícias 42.5%
- Próprio 48.7%

c) Correio Popular

Já no Correio Popular, mais de 60% (107) dos conteúdos publicados no período são oriundos das grandes agências de notícias. Apenas 28% (49) é conteúdo próprio e 8,6% (15) é conteúdo da própria agência do grupo, a Agência Anhanguera de Notícias. Há ainda 3 conteúdos da Unicamp e 1 de colunista local. Em outras palavras, a grande maioria dos conteúdos aos quais o site do jornal dá vazão é réplica de grandes corporações, como Agência Brasil e Estadão Conteúdo.

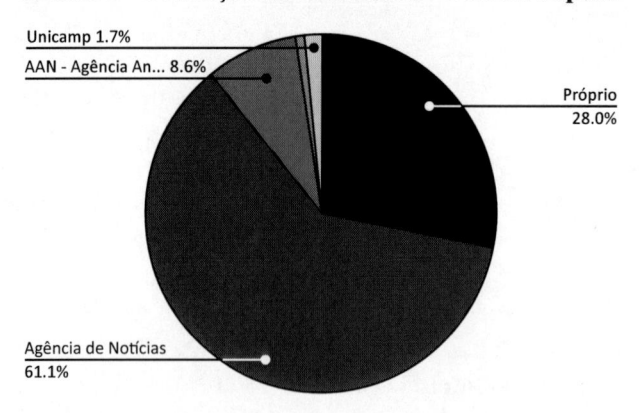

Gráfico 9 – Produção dos conteúdos – Correio Popular

- Unicamp 1.7%
- AAN - Agência An... 8.6%
- Próprio 28.0%
- Agência de Notícias 61.1%

2.1.4 Assuntos cobertos

a) Jornal da Cidade

Das temáticas mais recorrentes, 49 (24,4%) abordam assuntos relacionados ao governo, 46 (22,9%) são de esporte, 28 (13,9%) de polícia, 22 (10,9%) de cultura, 21 (10,4%) de cotidiano, 17 (8,5%) de saúde, 12 (6%) de economia, 3 (1,5%) de mundo, 2 de meio ambiente, 1 de educação.

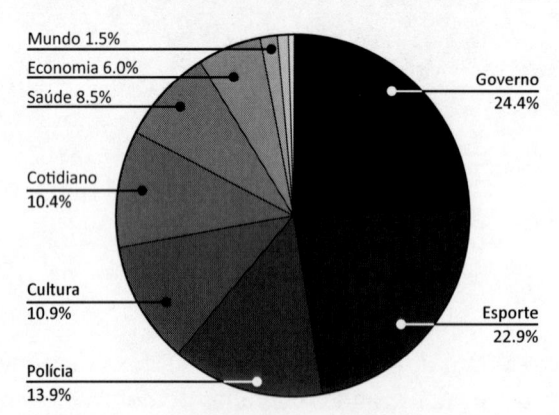

Gráfico 10 – Assuntos Cobertos – Jornal da Cidade

- Mundo 1.5%
- Economia 6.0%
- Saúde 8.5%
- Cotidiano 10.4%
- Cultura 10.9%
- Polícia 13.9%
- Governo 24.4%
- Esporte 22.9%

b) Cruzeiro do Sul

No caso do Cruzeiro do Sul, os conteúdos relacionados a esporte (36) predominaram (18,7%), seguidos de 32 de cotidiano (16,6%), 25 de cultura (13%), 22 de governo (11,4%), 21 de saúde (10,9%), 17 de mundo (8,8%), 13 de economia (6,7%), 10 de polícia (5,2%), 7 de educação (3,6%), 4 de social (2,1%). Gastronomia, meio ambiente, transporte, religião, tecnologia e negócios aparecem com 1 conteúdo (0,5%), cada.

Gráfico 11 – Assuntos Cobertos – Cruzeiro do Sul

- Social 2.1%
- Saúde 10.9%
- Polícia 5.2%
- Mundo 8.8%
- Meio-Ambiente 0,5 %
- Governo 11.4%
- Gastronomia 0.5%
- Cotidiano 16.6%
- Cultura 13.0%
- Economia 6.7%
- Educação 3.6%
- Esporte 18.7%

c) Correio Popular

No Correio.com, esporte (50) aparece com 28,7%, seguido de 35 conteúdos de cotidiano (20,1%), 30 de entretenimento (17,2%), 17 de governo (9,8%), 17 de mundo (9,8%), 7 de economia (4%), 6 de saúde (3,4%), 3 de gastronomia (1,7%), 3 de moda (1,7%), 2 de educação. Social, turismo, meio ambiente e ciência aparecem com 1, cada.

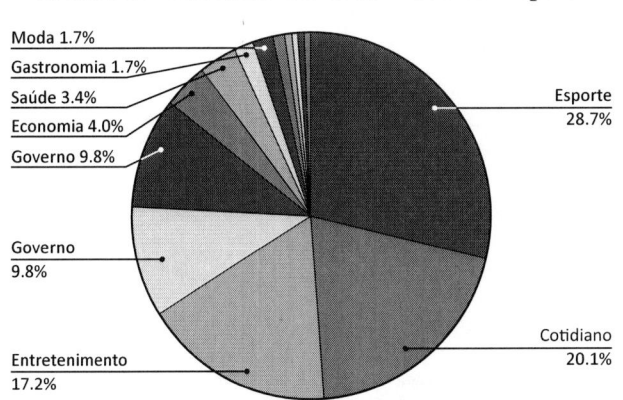

Gráfico 12 – Assuntos Cobertos – Correio Popular

- Moda 1.7%
- Gastronomia 1.7%
- Saúde 3.4%
- Economia 4.0%
- Governo 9.8%
- Governo 9.8%
- Entretenimento 17.2%
- Esporte 28.7%
- Cotidiano 20.1%

2.1.5 Tratamento e/ou abordagem do conteúdo

a) Jornal da Cidade

Com relação ao tratamento ou à forma de abordar o conteúdo[39], 96 (48,7%) deles se apresentam predominantemente descritivos, 22 (11,2%) de abordagem político-partidária, 17 (8,6%) estatístico, 15 (7,6%) instrutivo, 14 (7,1%) explicativo, 13 (6,6%) burocrático, 7 (3,6%) humanístico, 5 (2,5%) histórico, 4 (2%) contestatório, 2 satírico, 1 analítico e 1 reflexivo. Aqui, questiona-se qual o papel do jornalismo quando este é muito mais descritivo do que analítico e contestatório, por exemplo, principalmente no contexto e em uma perspectiva local, onde a cobertura jornalística por diferentes mídias nem sempre é abundante.

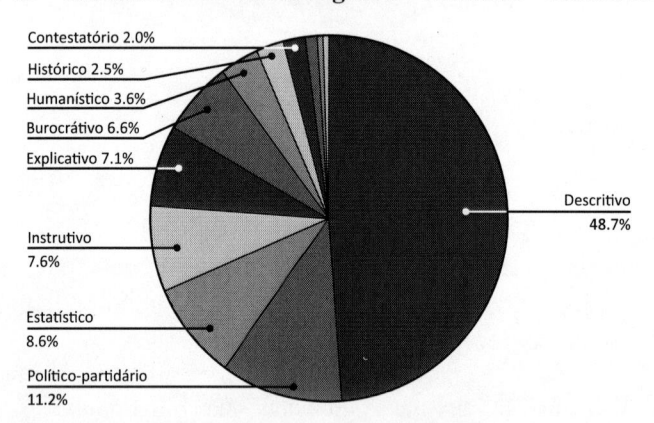

Gráfico 13 – Tratamento e/ou abordagem do conteúdo – Jornal da Cidade

- Contestatório 2.0%
- Histórico 2.5%
- Humanístico 3.6%
- Burocrático 6.6%
- Explicativo 7.1%
- Instrutivo 7.6%
- Estatístico 8.6%
- Político-partidário 11.2%
- Descritivo 48.7%

b) Cruzeiro do Sul

No caso do Cruzeiro do Sul, do total de conteúdos publicados no período, 63 foram construídos numa abordagem apenas descritiva (32,6%), 21 com tratamento humanístico (10,9%), 20 instrutivo (10,4%), 17 estatístico (8,8%), 17 explicativo (8,8%), 17 político-partidário (8,8%), 15 histórico (7,8%), 10 contestatório (5,2%), 9 burocrático (4,7%), 3 crítico (1,6%), 1 religioso (0,5%).

---

39 Neste tópico, buscou-se classificar cada texto de acordo com aquela abordagem que se julgou predominante. É claro que um texto descritivo também pode ter algo de político-partidário. No entanto, aqui se apontou aquele tipo de tratamento que, para nós, predominava. Não se parte de categorias pré-definidas, mas de uma análise exploratória. Classificou-se como contestatório os conteúdos que, de alguma forma, traziam uma abordagem que contestava, questionava ou debatia alguma medida, ação ou promoção local, seja pública ou privada.

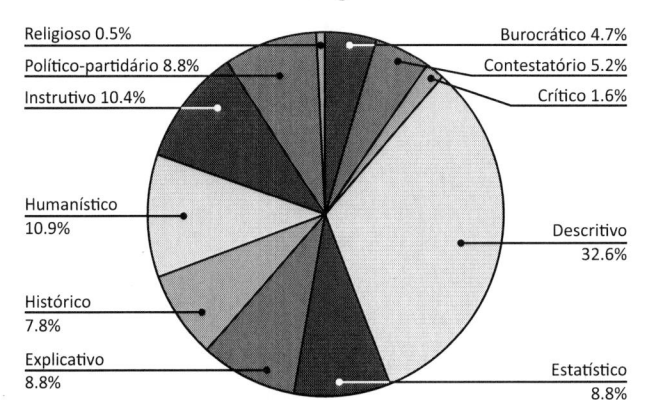

Gráfico 14 – Tratamento e/ou abordagem do conteúdo – Cruzeiro do Sul

- Religioso 0.5%
- Político-partidário 8.8%
- Instrutivo 10.4%
- Humanístico 10.9%
- Histórico 7.8%
- Explicativo 8.8%
- Burocrático 4.7%
- Contestatório 5.2%
- Crítico 1.6%
- Descritivo 32.6%
- Estatístico 8.8%

c) Correio Popular

Do total dos conteúdos publicados pelo Correio Popular, 116 tem tratamento apenas descritivo (66,3%), enquanto que 24 são explicativo (13,7%), 11 são estatístico (6,3%), 6 analítico (3,4%), 6 burocrático (3,4%), 4 humanístico (2,3%), 4 político-partidário (2,3%), 3 histórico, 1 instrutivo.

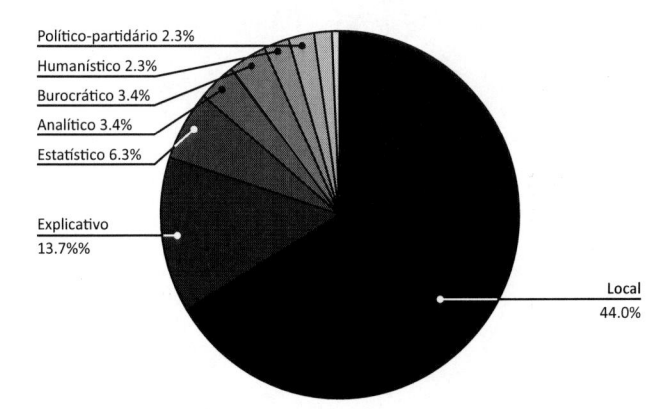

Gráfico 15 – Tratamento e/ou abordagem do conteúdo – Correio Popular

- Político-partidário 2.3%
- Humanístico 2.3%
- Burocrático 3.4%
- Analítico 3.4%
- Estatístico 6.3%
- Explicativo 13.7%%
- Local 44.0%

2.1.6 Gêneros jornalísticos

Trazemos a análise dos gêneros e formatos porque também neles e por eles se conhece e reconhece a prática jornalística. Por eles também se capta a essência do exercício de uma função social do jornalismo: ora para informar, ora para entreter, orientar, esclarecer, oferecer opinião.

Para tanto, baseamo-nos na categorização proposta por José Marques de Melo e Francisco de Assis (MARQUES DE MELO, ASSIS, 2016), a qual considera: a) gênero informativo: nota, notícia, reportagem, entrevista; b) gênero opinativo: editorial, comentário, artigo, resenha, coluna, caricatura, carta, crônica; c) gênero interpretativo: análise, perfil, enquete, cronologia; d) gênero diversional: história de interesse humano, história colorida; e) gênero utilitário: indicador, cotação, roteiro, serviço.

a) Jornal da Cidade

Quanto aos gêneros jornalísticos, 163 (81,1%) dos conteúdos são informativos, 29 (14,4%) são utilitários, 6 (3%) são do gênero diversional e 3 (1,5%) são opinativos. Aqui, questiona-se em que medida um jornalismo escasso em conteúdos opinativos, por exemplo, pode contribuir na construção de leitores críticos e com capacidade analítica. Analisaremos melhor este aspecto no próximo Capítulo.

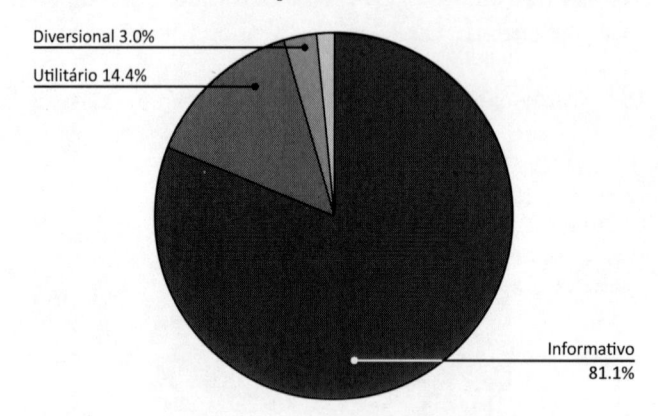

Gráfico 16 – Gêneros jornalísticos – Jornal da Cidade

- Diversional 3.0%
- Utilitário 14.4%
- Informativo 81.1%

b) Cruzeiro do Sul

No Cruzeiro do Sul, 139 conteúdos eram informativo (72%), enquanto que 34 eram utilitário (17,6%), 14 opinativo (7,3%), 3 interpretativo (1,6%), 3 diversional (1,6%).

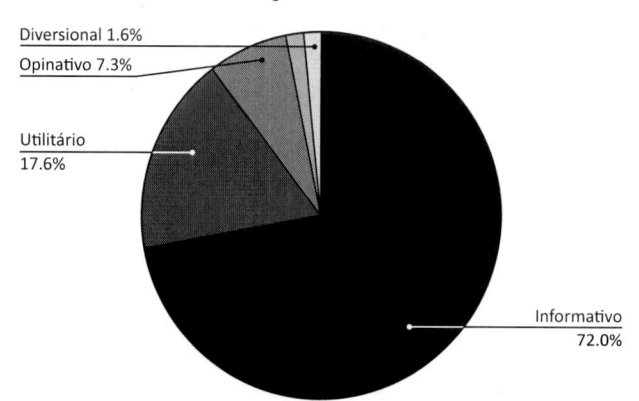

Gráfico 17 – Gêneros jornalísticos – Cruzeiro do Sul

- Diversional 1.6%
- Opinativo 7.3%
- Utilitário 17.6%
- Informativo 72.0%

c) Correio Popular

No Correio.com, do total de 175 conteúdos publicados, 120 se enquadram como gênero informativo (68,6%), 37 como utilitário (21,1%), 7 como diversional (4%), 6 como opinativo (3,4%), 5 como interpretativo (2,9%).

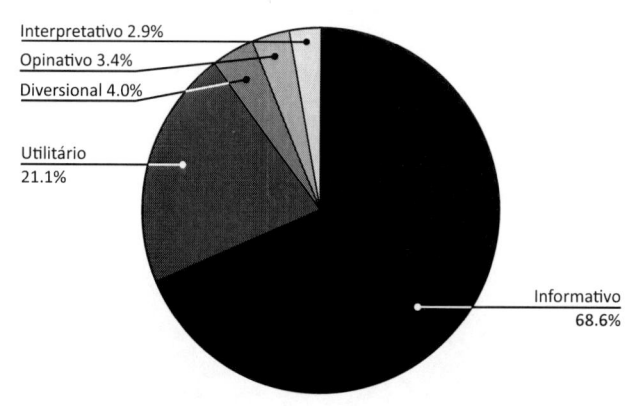

Gráfico 18 – Gêneros jornalísticos – Correio Popular

- Interpretativo 2.9%
- Opinativo 3.4%
- Diversional 4.0%
- Utilitário 21.1%
- Informativo 68.6%

2.1.7 Formatos jornalísticos

a) Jornal da Cidade

No que tange os formatos jornalísticos, encontra-se 138 (68, 7%) conteúdos como notícia, 22 (10,9%) como serviço, 20 (10%) como nota, 6 (3%) histórias de interesse humano, 5 (2,5%) indicadores, 4 (2%) reportagens, 2 caricaturas, 2 roteiros, 1 crônica e 1 entrevista.

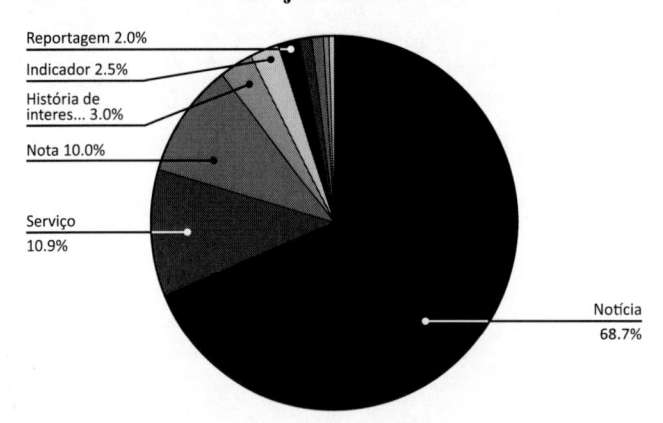

Gráfico 19 – Formatos jornalísticos – Jornal da Cidade

- Reportagem 2.0%
- Indicador 2.5%
- História de interes... 3.0%
- Nota 10.0%
- Serviço 10.9%
- Notícia 68.7%

b) Cruzeiro do Sul

No Cruzeiro do Sul, 90 conteúdos foram classificados como notícia (46,6%), 49 como nota (25,4%), 22 como serviço (11,4%), 10 como indicador (5,2%), 5 como artigo (2,6%), 3 como carta (1,6%), 3 como editorial (1,6%), 3 como perfil (1,6%), 3 como história de interesse humano (1,6%), 2 como roteiro, 2 como crônica, 1 como coluna.

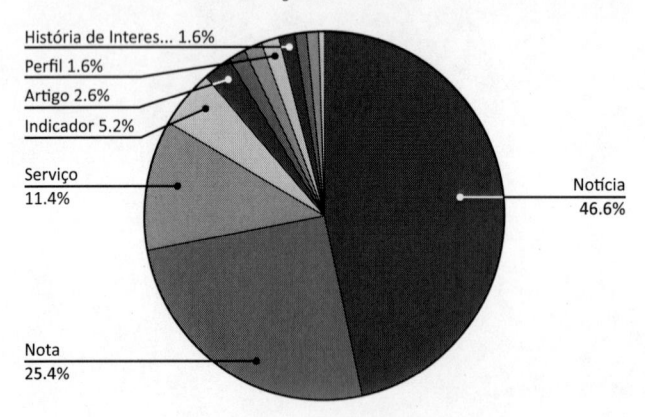

Gráfico 20 – Formatos jornalísticos – Cruzeiro do Sul

- História de Interes... 1.6%
- Perfil 1.6%
- Artigo 2.6%
- Indicador 5.2%
- Serviço 11.4%
- Nota 25.4%
- Notícia 46.6%

c) Correio Popular

No Correio Popular, 82 dos conteúdos eram no formato notícia (46,9%), 35 eram nota (20%), 27 eram serviço (15,4%), 10 eram roteiro (5,7%), 7 eram história de interesse humano (4%), 5 eram análise (2,9%), 3 eram entrevista (1,7%), 2 eram artigo (1,1%), 2 eram caricatura (1,1%), 2 eram coluna (1,1%).

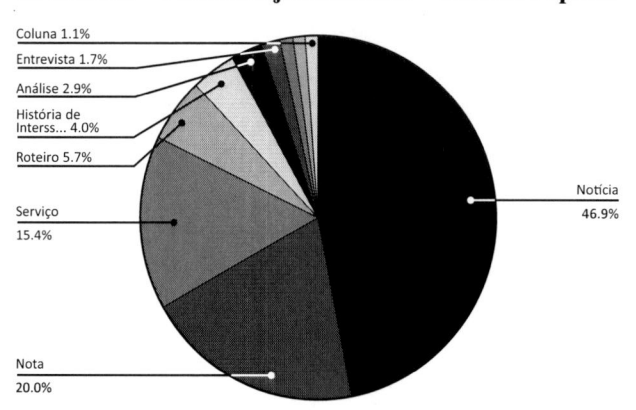

Gráfico 21 – Formatos jornalísticos – Correio Popular

- Coluna 1.1%
- Entrevista 1.7%
- Análise 2.9%
- História de Interss... 4.0%
- Roteiro 5.7%
- Serviço 15.4%
- Nota 20.0%
- Notícia 46.9%

2.1.8 Fonte ou personagem

O processo de seleção de fontes faz parte do cotidiano do profissional, no fazer jornalístico. Tal prática também se configura como uma das fases de tratamento das informações, dos conteúdos, dos fatos. Por essa característica, a escolha das fontes também se constitui como um critério de produção jornalística.

Para tanto, nesta pesquisa, utilizamos da proposta de Marcelo Kischinhevsky e Luãn Chagas (2017), que elucida a categorização das fontes da seguinte forma: a) oficiais: ocupantes de cargos públicos; b) empresariais: executivos, associações de setores comerciais; c) institucionais: organizações do terceiro setor, movimentos, sindicatos; d) testemunhais: personagem que presenciou um acontecimento com valor-notícia; e) populares: pessoa comum; f) especialistas: profissional com algum conhecimento técnico específico; g) notáveis: celebridades e artistas.

a) Jornal da Cidade

No caso do Jornal da Cidade, no período analisado, 74 conteúdos não traziam qualquer fonte expressa no texto (36,8%), enquanto que 59 deles recorriam a fontes oficiais (29,4%), 24 a fontes notáveis (11,9%), 8 populares (4%) e 3 especialistas (1,5%). Os demais conteúdos traziam uma combinação de fontes, como 7 com empresariais e oficiais (0,5%) e com empresariais e notáveis. Percebe-se, portanto, que 114 conteúdos, ou seja, mais de 55%, não trazem a pessoa comum como fonte expressa.

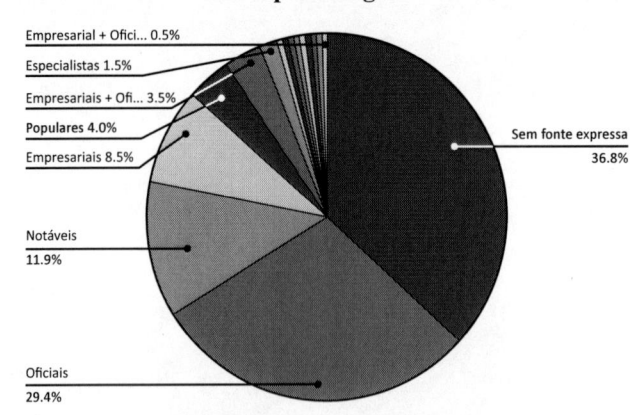

Gráfico 22 – Fonte ou personagem – Jornal da Cidade

- Empresarial + Ofici... 0.5%
- Especialistas 1.5%
- Empresariais + Ofi... 3.5%
- Populares 4.0%
- Empresariais 8.5%
- Notáveis 11.9%
- Oficiais 29.4%
- Sem fonte expressa 36.8%

b) Cruzeiro do Sul

Dos 194 conteúdos publicados pelo Cruzeiro do Sul, no período, 53 não traziam uma fonte expressa (27,3%), 41 eram oficiais (21,1%), 27 eram notáveis (13,9%), 22 empresariais (11,3%), 9 populares (4,6%), 6 especialistas (3,1%) e 1 testemunhal. Os demais traziam fontes conjugadas, sendo 10 empresariais e oficiais (5,2%), 6 oficiais e testemunhais (3,1%), 5 oficiais e populares, 4 oficiais e empresariais, 3 empresariais e populares, 3 empresariais e notáveis, 2 notáveis e oficiais, 2 oficiais e especialistas.

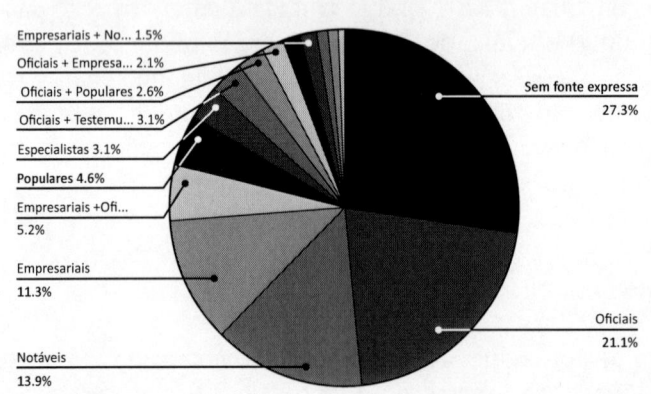

Gráfico 23 – Fonte ou personagem – Cruzeiro do Sul

- Empresariais + No... 1.5%
- Oficiais + Empresa... 2.1%
- Oficiais + Populares 2.6%
- Oficiais + Testemu... 3.1%
- Especialistas 3.1%
- Populares 4.6%
- Empresariais +Ofi... 5.2%
- Empresariais 11.3%
- Notáveis 13.9%
- Sem fonte expressa 27.3%
- Oficiais 21.1%

c) Correio Popular

No Correio Popular, do total de 175 conteúdos publicados, 68 não traziam uma fonte expressa (38,9%), 43 eram fontes oficiais (24,6%), 32 notáveis

(18,3%), 10 populares (5,7%), 6 especialistas (3,4%), 5 empresariais (2,9%), 2 testemunhais. Ainda, com mais de uma fonte, 3 traziam fontes oficiais e notáveis, 3 oficiais e populares, 1 oficiais, testemunhais e populares, 1 populares, oficiais e especialistas e 1 oficiais e especialistas.

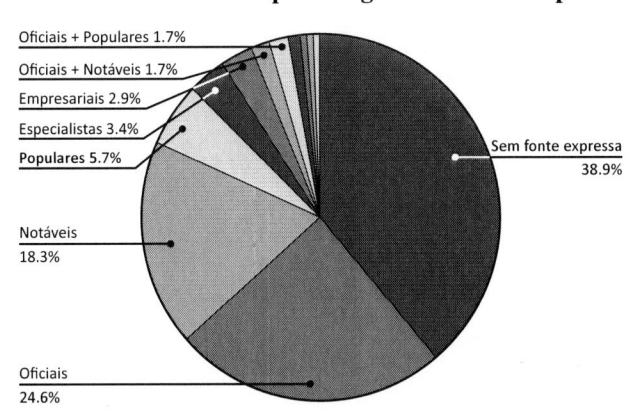

Gráfico 24 – Fonte ou personagem – Correio Popular

- Oficiais + Populares 1.7%
- Oficiais + Notáveis 1.7%
- Empresariais 2.9%
- Especialistas 3.4%
- Populares 5.7%
- Sem fonte expressa 38.9%
- Notáveis 18.3%
- Oficiais 24.6%

3. Potencialidades e recursos da Internet

Convergência, multimídia, hipertexto. Sem dúvida, esses são alguns dos principais elementos que contribuem para construir o jornalismo que acontece por meio da Internet. Apesar disso, essa produção e interação de conteúdos não se dá de modo linear, nem quanto ao seu suporte, modo de operação ou características.

Além dessas, várias outras são as características que configuram o jornalismo na Internet. É o caso, por exemplo, da rastreabilidade (REINO, 2015). Entretanto, nesta pesquisa, optamos por trabalhar a partir das sete características apontadas por diferentes autores e organizadas por João Canavilhas (2014), com objetivo de entender de que modo tais veículos já se apropriam da convergência tecnológica e trazem uma concepção de linguagem e estrutura jornalística digital. Portanto, considera-se aqui a hipertextualidade, a multimedialidade, a interatividade, a memória, a instantaneidade, a personalização e a ubiquidade.

3.1 Hipertextualidade

Sem dúvida, uma das características mais intrínsecas do conteúdo digital, a hipertextualidade traz, em si, a possibilidade dos leitores trilharem rotas diferentes de consumo da informação jornalística. Como discorre Cavanilhas

(2014, p. 5), ela remete à capacidade de se articular diferentes textos digitais entre si, por meio de *hiperlinks*.

a) Jornal da Cidade

Esta análise apontou que apenas 5 (2,5%) dos conteúdos publicados pelo Jornal da Cidade recorreram à hipertextualidade por meio de *hiperlinks* no decorrer do texto. Assim, 196 (97,5%) deles não apresentaram qualquer *hiperlink*. Dos cinco conteúdos que se valeram de *hiperlink*, 3 deles continham apenas um, enquanto dois deles continham dois links, como mostra o gráfico 25.

Ainda, além do principal conteúdo de cada publicação, pelo próprio *layout* do site, é possível também que o leitor tenha acesso a outras editorias, pelo topo do site, às últimas notícias publicadas, por um box à direita, além dos conteúdos publicitários.

Imagem 1 – *Layout* – Jornal da Cidade

Gráfico 25 – Hipertextualidade – Jornal da Cidade

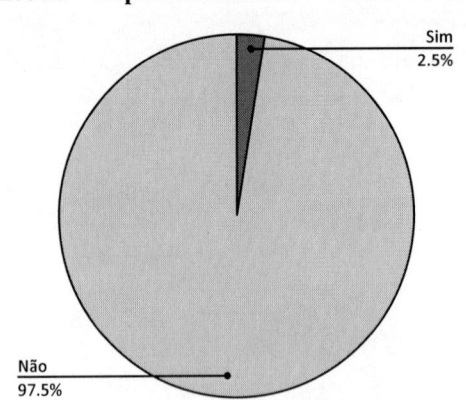

Sim 2.5%
Não 97.5%

b) Cruzeiro do Sul

No caso do Cruzeiro do Sul, do total de 193 conteúdos publicados, apenas 19 (9,8%) deles traziam *hiperlinks* em seu conteúdo, enquanto que 174 (90,2%) não traziam qualquer *hiperlink*. Dentre eles, três conteúdos trazem três *hiperlinks* e um deles traz dez *hiperlinks*, descrito no gráfico 26, abaixo.

Além disso, quando dentro da página de cada conteúdo, o leitor consegue ter acesso a diferentes *hiperlinks*, como os das editorias, no topo da página. Ainda, há um ícone com "Índice da Editoria", à direita, pelo qual o leitor consegue ler outros conteúdos da mesma editoria daquele conteúdo, e um banner para contato dos leitores, conforme mostra a Imagem 2, também abaixo.

Imagem 2 – Layout – Cruzeiro do Sul

Gráfico 26 – Hipertextualidade – Cruzeiro do Sul

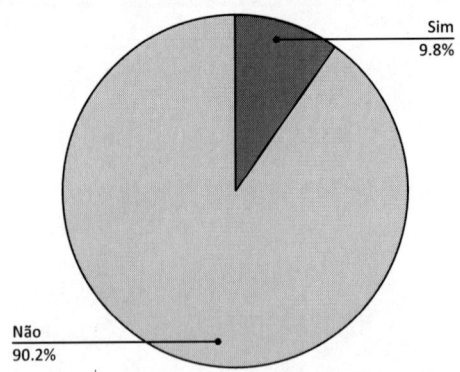

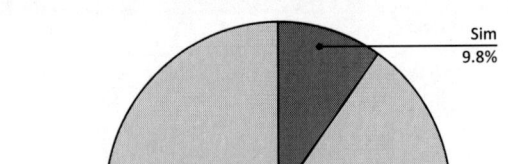

Sim 9.8%
Não 90.2%

c) Correio Popular

No caso do Correio.com, apenas 5 (2,9%) conteúdos continham algum *hiperlink* ao longo da narrativa jornalística, sendo que 170 (97,1%) não traziam qualquer *hiperlink*. Desses, destaque para um deles que trazia cinco *hiperlinks* e dois deles que traziam dois *hiperlinks*.

Além disso, conforme o *layout* do site, é possível acessar outras editorias, que aparecem no topo da página, além do conteúdo publicitário. Ainda, ao final do conteúdo jornalístico, o leitor encontra *tags* relacionadas ao conteúdo principal com *hiperlinks* e a sugestão de oito conteúdos que aparecem como recomendados.

Imagem 3 – Layout – Correio Popular

Gráfico 27 – Hipertextualidade – Correio Popular

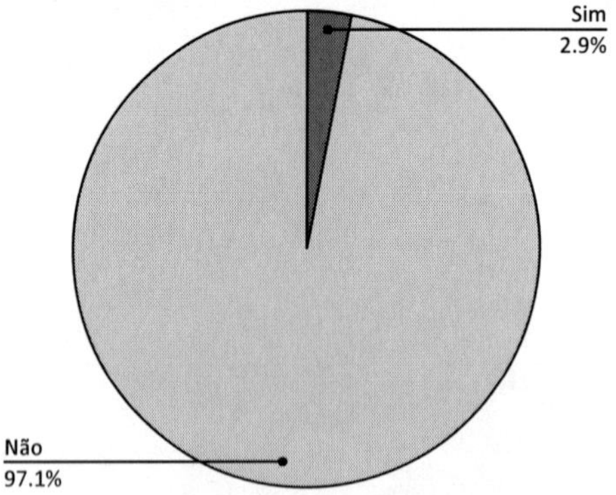

Sim 2.9%
Não 97.1%

3.2 Multimedialidade

O conceito é bastante complexo, mas está intimamente ligado à característica do jornalismo praticado para a Internet. Apesar dos diferentes significados e possibilidades de discussão da concepção do que pode ser entendido por multimedialidade, conforme também sinaliza Salaverría (2014, p. 26), consideramos aqui como a capacidade do jornal e do jornalista de cruzar, combinar e coordenar diferentes suportes e linguagens, como texto, imagem, som, vídeo, gráficos etc., todos suportados por plataformas digitais.

a) Jornal da Cidade

Ao avaliar os elementos multimidiáticos presentes nos conteúdos, encontramos que 122 deles, um pouco mais que a metade (60,7%), eram compostos apenas de textos, 51 (25,4%) continham textos e apenas uma imagem, 9 (4,5%) deles apresentavam textos e duas imagens, 3 (1,5%) deles, textos e um infográfico e os demais, 16 deles (8%), traziam outras combinações. Apesar do infográfico ser recorrente, presente em 8 conteúdos, apenas um deles era composto por vídeo.

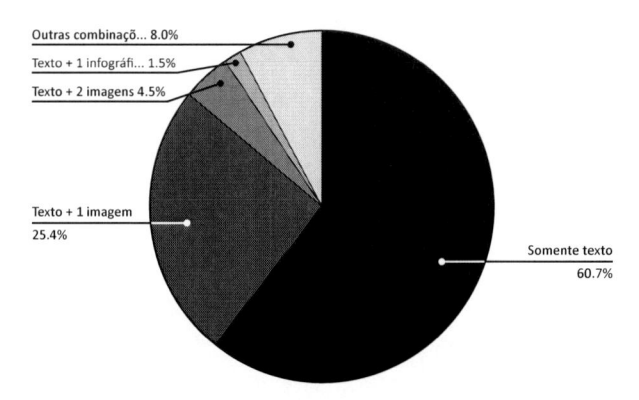

Gráfico 28 – Multimedialidade – Jornal da Cidade

- Outras combinaçõ... 8.0%
- Texto + 1 infográfi... 1.5%
- Texto + 2 imagens 4.5%
- Texto + 1 imagem 25.4%
- Somente texto 60.7%

b) *Cruzeiro do Sul*

No caso do Cruzeiro do Sul, 92 dos conteúdos (47,4%) eram compostos por texto e uma imagem, enquanto que 78 (40,2%) deles eram apenas por texto, 11 (5,7%) por texto e 2 imagens, 3 por texto e 3 imagens (1,5%), 2 por texto, uma imagem e um infográfico, 1 por texto, 4 imagens e 3 vídeos e 7 por outras combinações (3,6%).

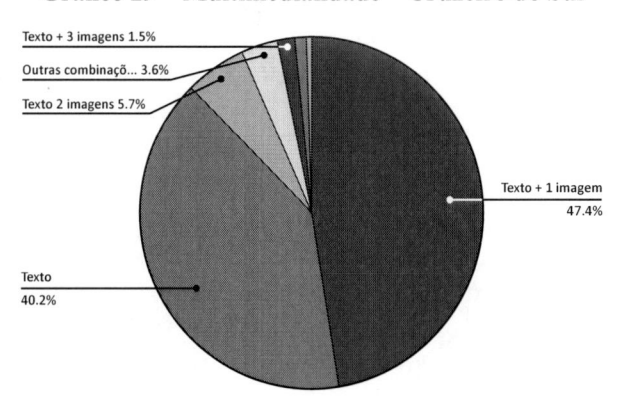

Gráfico 29 – Multimedialidade – Cruzeiro do Sul

- Texto + 3 imagens 1.5%
- Outras combinaçõ... 3.6%
- Texto 2 imagens 5.7%
- Texto + 1 imagem 47.4%
- Texto 40.2%

c) *Correio Popular*

A quase totalidade (155) dos conteúdos do Correio.com é composta apenas de texto e uma imagem, formato que representa 89,1%. Quatro conteúdos eram compostos apenas por um vídeo (2,3%), 2 apenas por texto (1,1%), 2 por texto, uma imagem e um vídeo (1,1%) e 2 por texto e duas imagens (1,1%).

Contabilizou-se, ainda, 1 conteúdo composto por apenas uma imagem, 1 com cinco imagens, 1 com seis imagens, 1 com texto e três imagens, 1 com texto, três imagens e um vídeo, além de 4 (2,3%) com outras combinações.

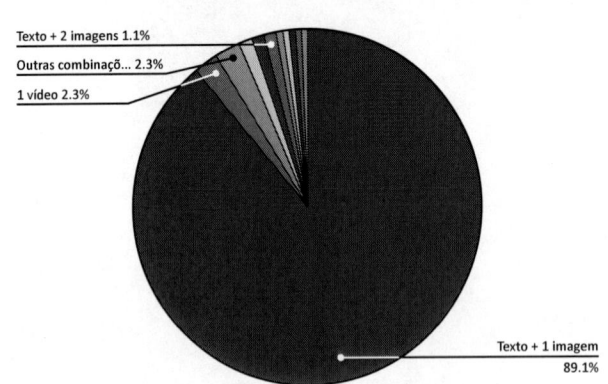

Gráfico 30 – Multimedialidade – Correio Popular

- Texto + 2 imagens 1.1%
- Outras combinaçõ... 2.3%
- 1 vídeo 2.3%
- Texto + 1 imagem 89.1%

3.3 Interatividade

Aspecto também muito característico da comunicação pela Internet, a interatividade pode ser mais um conceito central para se compreender o jornalismo que acontece em ambientes digitais. Apesar de uma ideia complexa e de diferentes abordagens, podendo remeter a inúmeros significados, implica em algum tipo de "transferência de poder do meio para os seus leitores" (ROST, 2014, p. 55). De certa forma, o jornal abre formas de participação, mas resguarda para si a figura do *gatekeeper*[40]. Isso significa que, na prática, interatividade não garante, necessariamente, um fluxo horizontal ou um nível efetivo de participação.

Além de se considerar diferentes tipos de interatividade, entende-se tal ideia a partir da "capacidade gradual em que um meio de comunicação tem para dar maior poder aos utilizadores, tanto na seleção de conteúdos ("interatividade seletiva") como em possibilidades de expressão e comunicação ("interatividade comunicativa")", conforme aponta Rost (2014, p. 55).

Do ponto de vista da interatividade comunicativa, há poucas estratégias que possam favorecê-la pelos sites dos jornais pesquisados. Apenas o Cruzeiro do Sul traz, após os conteúdos jornalísticos, campos para comentários da audiência. O Correio Popular traz apenas o contato do e-mail do repórter responsável pelo conteúdo e o Jornal da Cidade traz um ícone para envio de

---

40   O conceito foi proposto por Kurt Lewin, em um estudo de 1947. No caso dos meios de comunicação, diz respeito aos filtros e formas de controle e seleção das informações. Ver Wolf (2005, p. 182-188).

mensagens diretamente ao editor. Nesses casos, o próprio *layout* dos *sites* parece não estar configurados para favorecer possibilidades de comentários e interações públicas, o que certamente poderia favorecer possíveis discussões do assunto.

Entretanto, o Cruzeiro e o Jornal da Cidade trazem uma espécie de *banner* pelo qual o jornal incentiva o envio, por Whatsapp, de textos, fotos e vídeos, por parte do leitor. Trata-se de um canal de interatividade e participação, pelo qual a audiência consegue enviar sugestões de temas e assuntos para pautas, sinalizar problemas vividos em seu bairro, além de reclamações e relatos.

Até mesmo o hipertexto, tido por Rost (2014, p. 57) como "principal ferramenta para tecer possibilidades interativas de seleção", e que se enquadraria no tipo de "interatividade seletiva", também é pouco explorado, conforme quantificamos na categoria "hipertextualidade", apresentada neste capítulo.

Além disso, interações com outros conteúdos publicados são incentivadas. É o caso dos boxes que aparecem ao lado direito do texto principal, apontando as notícias mais compartilhadas pelo Facebook, conteúdos publicados recentemente ou mesmo em outras editorias.

3.4 Memória

Conceitualmente diferente de lembrança, recordação ou história, a Memória nos modos de fazer jornalismo é tida como a possibilidade de uma continuidade com relação a um suporte anterior. Como recupera Palácios (2003, p. 26), os jornais impressos, assim como o rádio e a TV, sempre mantiveram arquivos de suas edições passadas, inclusive como ferramenta de consulta para jornalistas, durante a produção noticiosa. Entretanto, no contexto do jornalismo contemporâneo, com atuação das tecnologias digitais, das redes, dos algoritmos, das bases de dados, as possibilidades de acesso à Memória, para a construção do conteúdo jornalístico e como fonte de pesquisa para a sociedade.

E é claro que, numa outra ponta, essas facilidades e possibilidades de acesso digital à Memória também tangenciam o leitor, em sua prática de consumo da informação e do conteúdo jornalístico. Ou seja, ele também pode "recorrer ao passado arquivado para, fácil e rapidamente, situar e contextualizar a atualidade que lhe é apresentada através do fluxo midiático" (PALÁCIOS, 2014, p. 96). De certa forma, a Memória também favorece a interatividade e a participação do leitor na construção de uma narrativa jornalística própria e personalizada segundo seus interesses.

No caso dos três jornais estudados, além da Memória que se apresenta em boa parte dos conteúdos jornalísticos, seja na própria narrativa ou por meio de *hiperlinks* ao longo do texto, também é possível acessá-la pela *Home* do site, em campos de busca que aparecem bem no topo, no "header" do portal. Nos casos do Correio e do Jornal da Cidade, o motor de busca se vale de tecnologia do buscador Google para encontrar conteúdos publicados pelo próprio jornal, de acordo com palavras-chave digitadas no campo de busca. Na verdade, esse campo se mantém presente tanto no topo da *Home*, como no topo das notícias em si.

Além disso, também nos três casos estudados, há ícones de acesso ao Acervo do jornal, ambiente em que o leitor consegue acessar as edições impressas, buscadas por datas. Apesar de um serviço pago ou disponível apenas para assinantes, configura-se como importante recurso de Memória ao leitor.

Na parte inferior aos conteúdos jornalísticos principais publicados, há ícones que remetem a outros conteúdos também. No caso do Correio Popular, há *tags* com *hiperlinks* que permitem buscas de notícias já publicadas a respeito daquela palavra-chave.

Já nos casos do Correio Popular e Jornal da Cidade, há ainda um box com as últimas notícias publicadas naquela editoria ou no próprio site. O Correio Popular também traz recomendações de conteúdos relacionados ao final da notícia principal, também se configurando como mais uma possibilidade de acesso à Memória.

3.5 Instantaneidade

Por suas próprias características, por ter a "novidade" e a "atualidade" como importantes pilares entre os valores-notícia e até mesmo pelo interesse histórico dos veículos em serem os primeiros a publicar sobre cada assunto, a instantaneidade e a velocidade sempre fizeram parte dos modos de produção do jornalismo.

Mas também é claro que este aspecto vem se ressignificando à medida em que as tecnologias recriam processos e possibilidades. Como fala Bradshaw (2014, p. 111-112), o que no século XIX poderia levar semanas ou meses para ser noticiado, hoje pode se dar em minutos. Ou seja, a instantaneidade, hoje, pode se dar em publicar, mas também em distribuir e consumir.

Agora, sem necessidade de processos de impressão, novas formas de distribuição e consumo de conteúdos surgem e, por consequência, passam a atuar nas formas de produção das notícias. Entretanto, ao analisar estes três jornais, pudemos perceber o quanto ainda estamos nesta fase de transição, neste processo de digitalização.

No caso do Jornal da Cidade, algo que fica bastante evidente é como o principal produto desta empresa midiática ainda é o jornal impresso e como isso se reflete em toda lógica de produção, conforme também veremos mais adiante.

Pela própria seção "Últimas Notícias"[41], é possível perceber uma lógica de atualização de conteúdos que tem um pico pela manhã, geralmente a partir das 7h, depois outro pico por volta de 13h e 15h. Ou seja, do ponto de vista de produção e da publicação, parece que a instantaneidade ainda segue a lógica do jornal impresso.

Ainda, fora desses períodos de pico de publicação, há uma tendência de publicação a cada hora, o que, aparentemente, seria uma preocupação em manter um ritmo de consumo junto à audiência.

Os outros jornais, em maior ou menor proporção, também seguem esse raciocínio. No caso do Correio Popular, é possível perceber que as publicações no site acontecem mais no período da tarde, após o almoço, e seguem até o final da noite. No caso do Cruzeiro do Sul, o índice de publicações segue mais uniforme durante o dia, mas com o pico de atualizações no início da manhã, por volta de 6h30.

Nesse sentido, a instantaneidade do consumo é prejudicada uma vez que a lógica de trabalho e a chamada "cultura do impresso", uma referência à cultura de trabalho e processos pautados pelo modo de funcionamento do jornal impresso, que tem *deadline* no fim do dia e hora de ir para a gráfica, ainda parece muito enraizada, mesmo nestes três jornais que, apesar de nascerem como veículos impressos, já engendraram inúmeros esforços rumo à digitalização de seus processos de produção, cultura organizacional e produtos.

3.6 Personalização

Outra característica também bastante particular do ciberjornalismo, a personalização pode se configurar pelo ato de "deixar o utilizador selecionar os temas mais relevantes para a criação de uma página com base em preferências pessoais", conforme aponta Lorenz (2014, p. 140). Ou seja, implica em customização de conteúdo e segmentação.

Nas versões *online* dos três jornais estudados, não foi possível observar qualquer tipo de possibilidade de personalização de conteúdo editorial. A publicidade, publicada em formato de *banners*, foi o único conteúdo em que se observou uma forma de personalização, uma vez que o veículo se vale de redes de publicidade, as chamadas Advertising network, em inglês, que conseguem personalizar o tipo de publicidade a ser exibido, conforme o perfil de navegação do leitor, como também trataremos mais adiante.

Além disso, uma outra possibilidade de personalização são os *hiperlinks*, que trazem o potencial para que o próprio leitor possa criar uma linha própria de consumo noticioso, conforme seu interesse, mas que ainda é totalmente subutilizado pelo casos estudados.

---

41 Explorados por observação assistemática durante os três dias de análise de conteúdos.

3.7 Ubiquidade

No caso do jornalismo, a ubiquidade pode se referir não somente à capacidade de qualquer pessoa conseguir acessar a determinado conteúdo de qualquer lugar, mas também ao potencial de todos, ao se conectarem em rede, participarem e produzirem seus próprios conteúdos (PAVLIK, 2014, p. 160). E isto tem sido possível graças a uma série de artefatos e tecnologias, principalmente dos *smartphones*. É o chamado status *always on*, uma alusão à uma possibilidade de conexão permanente, o tempo todo.

Os três jornais analisados possuem versões *mobile* de seus sites, isto é, é possível acessá-los de forma integral pelo navegador do *smartphone*. Todos eles reproduzem as mesmas funções e *layouts* das versões impressas ou do Desktop, e também são abertos para acesso, sem necessidade de assinatura.

Conforme mostram as figuras abaixo, o Correio e o Cruzeiro do Sul disponibilizam uma versão de aplicativo *mobile* para sistemas operacionais Android e iOS. Com estes *apps*, pelo próprio celular, assinantes conseguem ter acesso a versões digitais das últimas edições impressas. No caso do Jornal da Cidade, o aplicativo reproduz um *layout* parecido com a versão para Desktop, com acesso aberto aos conteúdos publicados no site.

Apesar da ausência de recursos tecnológicos mais avançados, como seria o caso de conteúdos exibidos de acordo com a geolocalização ou mesmo mecanismos que favorecessem a interatividade e a participação no envio de conteúdos como imagens e vídeos, as versões *mobile* dos sites e os aplicativos contribuem para garantir um acesso ubíquo ao conteúdo do jornal.

Imagem 4 – Aplicativos mobile dos jornais

4. Conteúdo publicitário

Os espaços publicitários, no período estudado, estavam sempre preenchidos por *banners* de publicidade oriundos de redes globais que operam como *adnetwork* e apresentam o conteúdo publicitário conforme o perfil de navegação do internauta. Uma das principais empresas que fornecem tecnologia para este fim é o Google, com seu serviço de Google Ads. Esses aspectos também serão abordados e discutidos no próximo Capítulo.

Se por um lado isto denota o não aproveitamento ou a subutilização dos espaços publicitários das plataformas *online* dos veículos, em detrimento de seus anunciantes locais, por outro, pode representar um desinteresse ou desvalorização, por parte dos próprios anunciantes, pelos anúncios no digital, conforme também relatou José Carlos Fineis, editor do Jornal Cruzeiro do Sul, em entrevista ao autor, e como veremos também no próximo capítulo.

CAPÍTULO IV

PISTAS PARA UM DIAGNÓSTICO:
as limitações de um falso-local

Por meio de cinco categorias, este capítulo oferece uma análise de conjunto dos três jornais pesquisados, procurando estabelecer comparações e digressões entre os dados captados pela pesquisa empírica e os aspectos teóricos e conceituais pontuados. Além disso, é uma oportunidade para tecer relações e análises entre as tendências e perfis dos casos estudados. Oferece, ainda, uma tentativa de criar conexões entre teoria e prática, por meio de nossa capacidade – a humana, no caso – de refletir sobre a realidade material, algumas das diretrizes básicas do Materialismo Dialético, evidenciando, principalmente os movimentos e as contradições do processo. Ao contrário do capítulo anterior, não está focado em critérios estatísticos apenas, mas, principalmente, em captar características e movimentos dos fenômenos.

Sob nosso modo de ver, não existe um modelo pré-determinado para a prática do jornalismo no interior, nem, tampouco, para o chamado ciberjornalismo de proximidade. Ao contrário, cada jornal possui suas singularidades e peculiaridades relativas aos diferentes fatores que compõem e que perpassam o contexto sociocultural-econômico-político do espaço em que se insere, além do estilo de gestão, interesses e funções que assume para si, capacidade profissional, às circunstâncias e processos históricos, modelos e estratégias adotados para sustentação e/ou exploração de mercado, promoção da participação popular e relacionamento com os públicos do entorno, instâncias do poder local, capacidades e formas de apropriação das potencialidades do digital etc. Esforçamo-nos, portanto, para, de forma dialética, entender tal fenômeno não de forma isolada, mas, também por meio de suas conexões aos demais processos que o circundam e pelos quais se alinha de forma indissolúvel.

É toda essa diversidade de fatores que compõe a prática jornalística no interior, mas com um diferencial em relação à grande mídia: estes jornais escolhem localidades e regiões, como pequenos municípios e grupos de cidades, para ali se instalarem e estabelecerem seus vínculos. Possuem, portanto, um interesse mercadológico e/ou identitário mais delimitado geograficamente e, por isso, seus laços de proximidade tendem a ser mais fortes, assim como sentimentos como vizinhança e familiaridade e, por consequência, a própria cobertura jornalística. Um exemplo nesse sentido seria a própria atuação de repórteres, editores e articulistas de jornais locais, chamados de "agentes do jornalismo interiorano" por Beltrão (2013, p. 36), que tendem a se fixar e melhor conhecer a realidade, as questões e os problemas da sua localidade.

Deste aspecto também emerge outra crítica permitida segundo o olhar histórico-dialético, evidenciando a complexidade do fenômeno. Se por um lado, repórter e editor do jornal local, profissionais singulares no tratamento dos conteúdos jornalísticos, estão mais imersos na realidade e nas questões de suas localidades, por outro, estes também são, em última instância, "operários" de uma empresa institucionalizada imersa em uma sociedade capitalista. E desta contradição social decorrem diferentes limitações dos contrários interesses das diferentes classes sociais. Evidencia-se, a partir deste ponto, uma referência à constante e histórica luta de classes, de certa forma considerada, pelo materialismo dialético, como motor histórico de uma sociedade baseada em um modo de produção capitalista. Em outras palavras, um conflito ideológico e de visões de classe, mas que no caso do jornalismo e da atuação dos repórteres e editores, se vê limitado e esmagado por força de uma relação trabalhista.

O jornal regional e local, tem, portanto, uma situação privilegiada porque possui uma melhor condição para comungar área de difusão e cobertura jornalística com a localidade de sua sede editorial e, ainda, a atuação social de seus profissionais. Ainda que, em alguns casos, o jornal possua uma circulação regional, mas, por limitações estruturais, sua cobertura seja apenas de sua cidade-sede, ainda assim, sua imersão no seu entorno é proporcionalmente maior do que aquele que pretende cobertura e circulação nacionais, em um país continental como o Brasil. Mas, é claro que essa atuação territorial, o que inclui sua localização física aliada à cobertura jornalística das localidades, não se dá ao acaso e de forma inocente. Afinal, as fronteiras e delimitações territoriais são sempre o produto de uma construção social a qual se atribui valor e significado.

E é exatamente essa diversidade no fazer jornalismo de interior e a inexistência de um modelo padrão que fazem com que o fenômeno apresente diferentes matizes. Por outro lado, são estas características que, somadas, dão como resultante um perfil de atuação local, ou seja, que determinam a vocação local do jornal. Em outras palavras, estão em jogo aspectos como o tipo de proposta, o vínculo para e com as pessoas locais, os conteúdos e suas abordagens e a relação entre a área de distribuição versus a de cobertura.

Para recorrer à Física, poder-se-ia dizer que é a soma vetorial de um processo de atuação dessas forças citadas acima e pela intencionalidade da ação destas forças[42] que se tem o tipo de vocação do jornal, isto é, o nível de compromisso do jornal com sua atuação local. Da resultante dessas forças também se capta o tipo de desenvolvimento promovido pelo jornal, conforme discutido no Capítulo II.

---

42 Em outras palavras, e como contribui a dialética, existe uma conexão indissolúvel entre os fenômenos sociais, o que contribui para uma complexidade e, por conseguinte, exige uma análise mais ampla, com fôlego para captar estas interdependências e interconexões.

Por conta desta proximidade geográfica, da possibilidade de uma proximidade psico-afetiva e social (CAMPONEZ, 2002, p. 117) e de um maior vínculo com as audiências, os jornais locais e regionais possuem um potencial de atuação diferenciada. Como atuam mais imersos na realidade local, mais próximos de criar estratégias de participação popular, ou seja, com maior vínculo com suas audiências, possuem posição privilegiada para promover uma comunicação mais participativa e que reproduza uma outra lógica que não a mercadológica e difusionista, mas um fluxo que nasça das e pelas necessidades da própria localidade. Com isso, teríamos uma promoção de um desenvolvimento mais próximo do participativo, conforme também analisado no Capítulo II.

Entretanto, por meio desta pesquisa empírica, pôde-se inferir que, por diferentes motivações e razões, o jornalismo estabelecido no interior paulista ainda tem se mesclado, em grande medida, com o modelo difusionista e da modernização. Algo que evidencia essa tendência é a proporção dos conteúdos próprios produzidos pelos três jornais estudados versus aqueles reproduzidos de outras fontes: nos três casos, aproximadamente 50% dos conteúdos foram replicados de grandes agências de notícias. Neste sentido, os jornais estudados, apesar de imersos em suas localidades, ainda atuam como difusores de um fluxo noticioso nacional, produzido por grandes conglomerados de notícia, interessados em uma massa nacional de público e, ainda, sem um tratamento e uma contextualização sobre o impacto daquela notícia localmente. São conteúdos que chegam totalmente prontos e são meramente reproduzidos, sem adaptações, pelos jornais estudados. Outro exemplo seria o tipo de abordagem de cada conteúdo, que tende a ser meramente descritivo, enquanto apenas uma proporção quase insignificante é contestatória, isto é, que questiona, que demonstra oposição ou discuta a temática tratada, conforme veremos mais adiante, neste Capítulo.

Por outro lado, paradoxalmente, a própria proximidade geográfica aliada à limitação de equipe e às necessidades de ampliação de cobertura jornalística forçaram a gestão do Cruzeiro do Sul, por exemplo, a criar o projeto "Repórter Cidadão"[43], que incentiva a participação popular na sugestão de pautas e até mesmo no envio de fotos e vídeos para uso jornalístico. O jornal chegou, inclusive, a reunir mais de 100 pessoas em um *workshop* de capacitação, para explicar, em linhas gerais, aspectos como o que é notícia, interesse e relevância jornalística, características da notícia, como fazer fotografia e vídeos com celular, entre outros aspectos. Ainda que parte das motivações para essa estratégia tenha sido o interesse em ampliar a cobertura jornalística do jornal, é claro que o projeto favorece níveis mais profundos de participação. Em certa medida, com estas iniciativas, quebra-se o fluxo difusionista tratado

---

43 Conforme entrevista com José Carlos Fineis, editor-chefe do jornal, realizada em 27 de março de 2018.

acima e prima-se por uma comunicação participativa, que favorece aspectos do desenvolvimento participativo, conforme tratado no Capítulo II.

Este aspecto evidencia a complexidade do fenômeno e pode nos propiciar uma análise dialética um pouco mais clara. Se por um lado os jornais tendem a reproduzir características difusionistas, por outro e ao mesmo tempo, este mesmo movimento é capaz de engendrar uma comunicação participativa, como é o caso deste projeto. São movimentos e motivações aparentemente opostos, mas que convivem mutuamente e intimamente conectados. São contradições internas que permeiam e caracterizam fenômenos de comunicação como este. Além disso, estão vivos e em constante movimento e atualização. Se em um momento, um projeto como este contribui para favorecer uma comunicação participativa, em outro pode, inclusive, contribuir com o contrário. É o caso, por exemplo, de um vídeo ou uma foto produzidos por um leitor, mas que acabam não sendo reproduzidos pelo jornal, por, por exemplo, não estar alinhado a sua linha editorial ou, pior, por falta de equipe que possa processar e publicar este conteúdo.

A transição para o digital também tem sido um dos principais desafios enfrentados pelos jornais de interior, atualmente, ao menos com base nos três casos estudados. Durante as entrevistas com os três editores[44], ficou evidente que, apesar de vários esforços para se incorporar a linguagem digital, como, por exemplo, os vídeos, a cultura do impresso ainda é muito forte.

Nesse sentido, por mais que já existam diferentes iniciativas de valorização do digital, seja por meio de infraestrutura tecnológica ou mesmo de processos para produção e difusão de conteúdos, ainda assim o jornal impresso configura-se como o principal produto das três empresas pesquisadas. Encontram-se, portanto, em uma fase de transição e aculturamento de equipe. Conforme demonstramos no Capítulo III, as potencialidades da Internet – como a hipertextualidade, a multimedialidade e interatividade – são, ainda, subutilizadas, quase inexistentes, em alguns casos. Além disso, muitos conteúdos ainda são produzidos em linguagem e formato claramente para o impresso e, então, meramente reproduzidos no *online*. Mas, como dito, alguns esforços no sentido da ampliação da digitalização também têm acontecido. Aos poucos, estes jornais têm percebido que, cada vez mais, suas audiências também estão conectadas. Em alguns casos, a própria crise da mídia impressa é que tem forçado uma postura de repensar estratégias.

Alguns destes aspectos também foram apontados por outras pesquisas recentes. É o caso, por exemplo, da tese doutoral de Pedro Jeronimo (2015). A partir de três jornais portugueses, o autor pontua que o ciberjornalismo

---

44   João Jabbour, editor do Jornal da Cidade, foi entrevistado em 12 de fevereiro de 2018. José Carlos Fineis, editor do Cruzeiro do Sul, foi entrevistado em 27 de março de 2018. Ricardo Fernandes, editor do Correio, foi entrevistado em 17 de abril de 2018.

produzido por estas redações ainda recorre muito pouco a conteúdos multimídia, atuando basicamente na reprodução ou transposição de conteúdos do impresso. Ou seja, tudo acontece em torno do papel e o "ciberjornalismo *copy & paste*" (JERONIMO, 2015, p. 475) ainda é determinante nos modos de produção jornalística.

Além disso, tímidos incentivos e estratégias para uma melhor exploração do digital, inclusive do ponto de vista de negócios, parecem ainda engatinhar. A gestão dos jornais parece já ter muito claro que a audiência, inclusive no interior paulista, tem, notadamente, migrado para o digital. Entretanto, vive-se um impasse e uma dificuldade nos modelos e formas de monetização do conteúdo *online*. Nesse sentido, as estruturas e estratégias de subsistência e o modelo de negócios dos jornais têm condicionado a capacidade e a condição de melhor se aproveitar as possibilidades da Internet.

1. Dificuldades no processo de transição e avanço para o digital

A atuação da Internet no cotidiano social tem motivado diferentes discussões e provocado reestruturações nos modos e estruturas de praticamente todas as profissões e atividades, inclusive nas práticas comunicativas e de produção jornalística. Além disso, a adoção da Internet na área do jornalismo também tem motivado novas possibilidades de fluxos de informação e na forma como as pessoas têm acessado, relacionado-se e se conectado a eles. Como explica Castells (2003, p. 170),

> O espaço de fluxos resultante é uma nova forma de espaço, característico da Era da Informação, mas não é desprovida de lugar: conecta lugares por redes de computadores telecomunicadas e sistemas de transporte computadorizados. Redefine distâncias, mas não cancela a geografia. Novas configurações territoriais emergem de processos simultâneos de concentração, descentralização e conexão espaciais, incessantemente elaborados pela geometria variável dos fluxos e de informação global.

É claro que esse fenômeno não tem ressalvas e restrições de contextos, regiões e nem privilegia localidades com maior concentração populacional. Apesar da possibilidade de, ao se conectar, instantaneamente se acessar informações referentes ao outro lado do mundo, as pessoas também estão buscando as redes para ter acesso a informações concernentes ao seu entorno. Segundo dados do Pew Research Center (2013, p. 2), 74% dos usuários de *smartphones* adultos assumem usar seus celulares para acessar informações baseadas em sua localização atual. Ou seja, tecnologias, redes e Internet parecem atender uma demanda das pessoas por informações sobre seu entorno, evidenciando possibilidades e oportunidades para o conteúdo de proximidade. Nessa mesma direção, outro estudo recente (SCHMITZ, 2013, p. 445) com usuários de *smartphone*, apontou, entre outras coisas, que 66% deles utilizam *apps* para buscar informações e notícias locais e 61% para buscar informações sobre o trânsito local ou transporte público.

E isso tem sido sentido também pelos três jornais estudados. É possível perceber que existem alguns grandes impasses sendo vividos pelos jornais do interior paulista que nasceram como impressos e se viram obrigados a avançar para o digital. Vive-se, claramente, uma era de transição e, consequentemente de ajustes e incertezas. Uma das consequências de todo esse processo é uma crise financeira vivida por estes jornais e, ainda, agravada por uma grande recessão ou desaceleração econômica vivida pelo país todo. Hoje, a situação de sustentabilidade financeira dos jornais é muito diferente da vivida em meados no Século XX, quando os jornais foram fundados.

Por muito tempo, foi o Jornal Cruzeiro do Sul, de Sorocaba, quem amparou financeiramente o Colégio Politécnico de Sorocaba, ambos mantidos pela Fundação Ubaldino do Amaral. Segundo Fineis[45], o colégio, que oferecia cursos técnicos e profissionalizantes de forma gratuita, bancados pelo jornal, precisou rever suas estratégias financeiras e passou a cobrar mensalidades dos alunos. Outro exemplo dessa crise pode ser encontrado no Correio Popular que, segundo uma carta aberta à população de Campinas, redigida pelo trabalhadores do jornal, e que circulou por sites da Internet em junho de 2017 (2017, *online*[46]), alegava irregularidades nos pagamentos de funcionários desde o início de 2016.

Além disso, para os três jornais, apesar de cada um ter suas especificidades, a cultura do papel ainda é muito forte, tanto entre os profissionais da Redação, como entre aqueles de sua gestão administrativa. Do ponto de vista dos modos de produção, é claro o esforço para uma melhor integração das equipes do impresso e do *online* e no sentido de melhor se recorrer às potencialidades da linguagem e das características do digital.

O Jornal da Cidade, de Bauru, ainda em 2018 vivia o início de um processo de integração das equipes do impresso e do *online* e de capacitação multimídia destes profissionais. Segundo João Jabbour[47], além da cultura do digital, falta também estrutura tecnológica e capacitação técnica:

> A gente trabalhou aqui 50 anos no impresso e agora está se voltando para o mundo digital, para se fazer experiências novas, inclusive com o audiovisual. Os jornalistas estão adorando, estão gostando muito, testando,

---

45 Em entrevista concedida ao autor.
46 A carta pode ser encontrada neste link: https://cartacampinas.com.br/2017/06/rac-campinas-jornalistas-do-correio-popular-estao-em-greve-por-falta-de-pagamento-de-salario/
47 Em entrevista concedida ao autor.

assimilando. Assim, a gente não está fazendo nada ao vivo. Um ou outro repórter teve experiência em televisão. Estamos indo com calma [...]. Quem sabe, um dia, talvez, a gente possa montar um núcleo. Estava discutindo isso agora, um núcleo audiovisual vai ser necessário para trabalhar só em cima disso.

No caso do Cruzeiro do Sul, de Sorocaba, em 2006, o jornal já estava há dez anos na Internet e contava apenas com dois jornalistas que trabalhavam de madrugada adaptando, para o site, as matérias do jornal impresso que circularia no dia seguinte. Logo depois, a equipe do *online* passou a integrar a do impresso. Mas os repórteres do impresso viam o digital como seus concorrentes, chegando até a esconder suas matérias da equipe do *online*, segundo lembra Fineis. Ou seja, o furo jornalístico[48] era sempre reservado ao impresso. Foi apenas em 2015 que a Redação foi unificada e o processo de produção passou a privilegiar o *online*. Inclusive, hoje, a maior parte dos repórteres trabalham no período da manhã. Como conta Fineis, hoje, o repórter chega da rua com uma pauta apurada e já redige uma nota para o site. Depois, então, é que ele complementa seu texto para o impresso que circula no dia seguinte. Além disso, conta o editor[49]:

> Foi criada, dentro da redação, uma função de assessor de pauta para forçar essa mudança porque a gente sabia que se deixasse, inicialmente o pessoal iria continuar fazendo: chegando, indo almoçar, fazendo primeiro a matéria para o impresso e só depois fazer um resumo para o online, quer dizer, a mentalidade toda voltada para o impresso.

Uma consequência dessa transição e desse processo de aculturamento e capacitação profissionais ficou bastante evidente nos dados captados e apresentados no Capítulo III. Além de uma tendência ao "ciberjornalismo *copy & paste*", isto é, da mera reprodução dos conteúdos da versão impressa no site, os três jornais estudados subutilizam os recursos que o digital oferece. Praticamente 95% dos 569 conteúdos analisados não se valem de qualquer tipo de hipertextualidade dentro da narrativa jornalística. E esse ponto parece trazer uma das maiores incoerências porque é exatamente o uso dos *hiperlinks* que prometia ao jornalismo um novo momento, uma nova condição: oferecer ao próprio leitor uma maior liberdade para que ele mesmo faça o seu próprio caminho no acesso aos conteúdos, trilhando uma leitura não linear, segundo seus interesses, de forma personalizada. Como bem pontuou Canavilhas (1999, p. 3),

---

48 No jargão jornalístico, "furo" é a informação publicada primeiro, antes dos demais.
49 Em entrevista concedida ao autor.

a possibilidade de conduzir a própria leitura revela uma tendência do utilizador para assumir um papel proactivo na notícia, ainda que apenas por força do estabelecimento da sua própria pirâmide invertida. Este dado é importante, pois como é sabido, a técnica da pirâmide invertida é a base do jornalismo escrito. No webjornalismo não faz qualquer sentido utilizar uma pirâmide, mas sim um conjunto de pequenos textos hiperligados entre si. Um primeiro texto introduz o essencial da notícia estando os restantes blocos de informação disponíveis por hiperligação.

Além disso, o recurso de vídeos, infográficos, recursos sonoros etc., que comporiam os elementos multimidiáticos também é quase inexistente. Assim, 87,5% do total de 569 conteúdos analisados no período eram compostos apenas por textos ou por textos e uma imagem. Foram raríssimos os casos em que se recorria a mais de uma imagem, a infográficos, a vídeos ou, ainda, a outros recursos midiáticos como gráficos, mapas e sons. Trata-se de mais um aspecto que evidencia o quanto a cultura e os modos de produção somados à estrutura tecnológica disponível na Redação condicionam o produto jornalístico. Nestes jornais, portanto, o processo de digitalização da informação e sua disponibilização em múltiplas plataformas ainda dá seus primeiros passos.

Apesar disso, o Cruzeiro do Sul e o Correio Popular mantém uma TV *online* em seus sites, com uma tímida produção própria de conteúdos audiovisuais, como demonstram as imagens abaixo.

Imagem 5 – TV Jornal Cruzeiro do Sul

Imagem 6 – TV Correio Popular

Ainda, características como Interatividade e Memória são, da mesma forma, prejudicadas, como demonstrado no Capítulo anterior. O próprio *layout* dos sites – e aqui, principalmente o do Jornal da Cidade, de Bauru, que se configura como o mais analógico entre os três casos – tende a não favorecer interações públicas e comentários. É, contudo, uma contradição, já que, segundo Rost (2014, p. 53), "a interatividade é uma das características essenciais da comunicação na Web". Além disso, a interatividade é, mais uma vez prejudicada, ao se considerar a quase inexistência de hipertextos nas narrativas, conforme se discorreu acima.

Quando se analisa a Instantaneidade, percebe-se que todos os jornais tendem a publicar algum tipo de conteúdo durante toda a extensão do dia. Entretanto, uma análise mais aprofundada permite compreender, ainda, a presença da cultura do papel, nesta questão. O Jornal da Cidade, de Bauru, e o Jornal Cruzeiro do Sul, de Sorocaba, tendem a publicar uma maior quantidade de conteúdos durante a manhã, o que poderia indicar que o modo de atualização e publicação de conteúdos do *online* ainda é condicionado pelo do impresso, que chega às bancas durante a madrugada. Por outro lado, pode, ainda, ser uma estratégia para se atender uma demanda de maior interesse do leitor. Nesse caso, seria o leitor que, ainda na lógica de leitura do impresso, ao acordar pela manhã, tender a procurar se informar, logo nas primeiras horas do dia. Este ponto carece de uma melhor investigação, principalmente por envolver uma análise de recepção e audiência.

Ainda sobre as práticas de produção noticiosa, nota-se que os três jornais pesquisados praticam um jornalismo pobre em apuração, conforme veremos a seguir. E isso é quase que um contrasenso, um paradoxo, já que a apuração é uma das bases da prática jornalística. A bem da verdade, se não se tem apuração, pode-se até ter conteúdo, mas não se tem jornalismo na essência. Como aponta Juarez Bahia (1990, p. 40),

> Escrever bem é apenas parte da atividade profissional do repórter [...]. A apuração é o mais importante para a notícia, da mesma forma como a notícia é o mais importante para o jornalismo. Elemento essencial no processo da informação, a apuração em jornalismo quer dizer o completo levantamento dos dados de um acontecimento para se escrever a notícia [...]. Na apuração o que deve predominar é a exatidão dos fatos e a qualificação, a idoneidade das fontes.

E um dos indícios que, de certa forma, pode evidenciar uma negligência desta etapa na produção noticiosa é a relação próxima que os jornais estabelecem com assessorias de imprensa, sejam aquelas que trabalham para os órgãos públicos, sejam as que atendem empresas privadas. Sobre isso, Ricardo Fernandes[50], editor do Correio Popular, explica sua atuação como o responsável pelas pautas do jornal:

> Eu penso naquilo que o repórter não está pensando. É minha função acompanhar a coisa pública, a situação municipal, receber este material institucional, filtrar o que é relevante para a sociedade, o que é relevante para a publicação e o que é descartável. Porque eu trabalho fortemente com assessoria de imprensa. Elas dependem muito da gente. Elas nos abastecem. Eu recebo mais de 600 e-mails por dia. [...] E minha função é filtrar esse material: o que é relevante e o que não é relevante. Desses 600 e-mails eu devo aproveitar uns 30 por dia.

Além da falta de apuração, essa prática também pode evidenciar uma limitação de equipe. Letícia Costa (2005, p. 108) foi uma das pesquisadoras quem apontou a questão, no contexto da imprensa de interior.

> Com a sobrecarga de funções desempenhadas pelo jornalista-proprietário do jornal, a apuração da notícia fica comprometida, o que facilita a publicação de textos prontos – os press releases – produzidos pelas assessorias de imprensa não só de prefeituras e câmaras, mas também de empresas locais, regionais e até de âmbito nacional. Na verdade, a utilização deste material "pré-fabricado", na maior parte das vezes na íntegra, também é justificada pela falta de verbas para a contratação de outros jornalistas que poderiam dedicar mais tempo à apuração das notícias publicadas por esses jornais.

Aliás, o racionamento cada vez maior de verba é realidade destes jornais pesquisados. Como falamos, vive-se uma crise financeira, mas também uma dificuldade na monetização do conteúdo digital. Se por um lado a audiência

---

50 Em entrevista ao autor.

migra para o digital, os anunciantes ainda subvalorizam a publicidade *online* em detrimento da publicidade no jornal impresso. Os jornais do interior, portanto, também carecem de formas efetivas para rentabilizar o conteúdo digital, conforme veremos mais adiante, neste Capítulo. São nuances e contradições internas do processo e das movimentações sociais do fenômeno estudado.

Em resumo, do papel com tinta para os *bits*, profundas transformações têm forçado também o jornalismo do interior paulista a se reinventar. Como relata Fineis, tem sido a própria crise que tem incentivado o Cruzeiro do Sul, de Sorocaba, a repensar suas práticas e a encarar o *online* com mais seriedade. E não somente do ponto de vista da audiência, mas, também, do planejamento de negócios da empresa midiática que todo jornal precisa assumir. E esta fase de transição parece ter, apenas, se iniciado.

Esta pesquisa, portanto, evidenciou que a transição dos jornais do interior paulista para o *online* tem acontecido da mesma maneira artesanal a que se referia Wilson Bueno (1977), quando analisou a atuação de jornais impressos locais. Carecem, portanto, de recursos e, principalmente, de estratégias efetivas capazes de melhor articular a cultura profissional e mesmo o conhecimento das melhores práticas de jornalismo para plataformas digitais. Apesar de já terem percebido que não basta uma simples transposição das técnicas e linguagens do impresso para o digital, a falta de novos conhecimentos e práticas parece ser um dos principais gargalos, hoje.

Inclusive, a forte tendência do que Fotios Hatzigeorgiou (2018) chamou de "reportagem orientada pelo clique" não é algo recorrente nos jornais estudados[51]. Um exemplo neste sentido é o próprio caso do Jornal da Cidade quando, seu editor-chefe, durante entrevista, demonstrou ter uma vaga noção da performance de audiência *online*, mas não uma prática recorrente de checagem e acompanhamento ou – e muito menos – que a oscilação da audiência pudesse alterar a rotina dos modos de produção jornalística.

2. Formatos, estruturas e estratégias editoriais

Quanto às práticas, formatos e estratégias editoriais no jornalismo do interior paulista, de início, cabe dizer que existe, ainda, a atuação da força de uma outra cultura que não só a do papel, mas a cultura da grande imprensa. Apesar de uma atuação fisicamente mais próxima das localidades e de uma cobertura que tende a dar melhor vazão aos desdobramentos das vizinhanças, os jornais locais tendem a se espelhar nos padrões da dita "grande imprensa".

---

51 Ao pesquisar as práticas do G1 e do UOL, o autor (FOTIOS HATZIGEORGIOU, 2018, p. 98) identificou que 88% dos jornalistas destes portais que atuam diretamente na seleção de notícias para *homepages*, entrevistados para sua pesquisa, acompanhavam métricas de audiência em tempo real ou mais de três vezes ao dia.

Se, por um lado, esse exercício simplifica as veredas, os desafios e as buscas por normas e boas práticas de uma atividade tão complexa quanto a do jornalismo em contexto local, por outro, conduz a um esvaziamento identitário e de diversidade cultural. Afinal, fazer jornalismo local é, em grande medida, uma atividade cultural, que pode atender às necessidades e interesses da sua realidade, ainda que possa ser classificado como um "jornalismo quase artesanal", como preferiu chamar Wilson Bueno (1977), ao propor uma análise da dicotomia entre imprensa industrial versus imprensa artesanal.

A crítica não é no sentido de que o jornalismo local possa se opor a uma prática criteriosa que prime pela apuração, pela correção, objetividade e veracidade das informações e que se paute por práticas artesanais. Mas, porque, principalmente em um contexto de crise, ele precisa estar aberto ao novo. O jornalismo local parece ainda carecer de inovação quanto aos seus formatos, estratégias e práticas, principalmente quando falamos sobre ciberjornalismo local. E talvez a chave para esse próximo passo seja um modelo de produção autóctone, ou seja, intimamente ligado e comprometido às necessidades e interesses das pessoas que o consomem e o produzem. Como registrou Jean Tibi, em 1975, "o jornalista regional é um músico sentado frente a grandes órgãos para aí tocar valsas populares" (CAMPONEZ, 2002, p. 107).

Neste sentido, não é possível conceber que um jornal que possui uma cobertura e uma circulação fisicamente limitadas, mas reproduz práticas alóctones que nada dizem respeito a sua realidade local esteja produzindo um jornalismo de proximidade. Tal prática pode ser vista como um jornalismo de interior simplesmente pelo fato de sua sede estar fora dos convencionais limites metropolitanos. Mas proximidade em jornalismo diz respeito à "representação que o *medium* faz do seu território e, consequentemente dos destinatários das suas mensagens. [...] Ela é, fundamentalmente, compromisso" (CAMPONEZ, 2002, p. 113).

É notório que, no caso dos três jornais estudados, essa proximidade acontece, mas com limitações e de forma dialética. Do total de conteúdos jornalísticos analisados, apenas 42,5% deles dizem respeito a assuntos locais ou regionais, enquanto que 57,5% tratam temáticas nacionais ou internacionais sem uma mínima contextualização para a realidade local. Não que um jornal local e de proximidade não deva tratar de temáticas globais, mas é bastante importante que estas pautas recebam um tratamento que permita que a audiência local melhor perceba o seu impacto em sua realidade. E isso não é possível com reproduções de textos de agências de notícias nacionais ou internacionais. Além disso, é claro que também há que se considerar que o custo do direito de reprodução de um conteúdo de agência de notícias tende a ser muito menor do que um processo de produção noticiosa conduzido por uma equipe editorial própria.

Por outro lado, há exceções. E uma delas poderia ser representada pela pequena reportagem – com direito a um infográfico – do Jornal da Cidade, de Bauru, sob título "Hanseníase: doença chega a demorar anos para ser diagnosticada"[52], que trata sobre o mês mundial de conscientização sobre hanseníase. O texto traz uma abordagem sobre a importância do diagnóstico e do tratamento, contando com fontes locais, tanto de especialistas como de populares, além de trazer informações sobre a realidade estadual e municipal da doença e indicar as estratégias locais para tratamento e gestão da doença.

A forma de abordagem dessa temática de apelo internacional, mas com impacto local é, de fato, um exemplo de apenas uma das possibilidades de se prestigiar a posição privilegiada que o jornal local possui, tanto para identificar a necessidade de se abordar a questão, orientando e prestando um serviço à audiência, como para ter acesso aos atores sociais locais e, assim, localizar, circunscrever e personificar o texto.

No jornal de interior, portanto, há uma imersibilidade sociocultural, identitária e, inclusive, física, do repórter que cobre o cotidiano local. E o que decorre disso é que ele conhece melhor as necessidades e o que aflige as pessoas do entorno e vice-versa. Como lembra Beltrão (2013, p. 29), "todo mundo ali conhece o editor do jornal, pois ele vive 'entre nós' e a gente sabe mais sobre o que há por trás das notícias do 'nosso' jornal do que meia dúzia de investigadores abelhudos".

Mas esse compromisso e proximidade de que falávamos e as funções sociais do jornal local chegam a preocupar quando analisamos as proporções dos gêneros e formatos e os tipos de abordagem entre os conteúdos jornalísticos destes casos. Do total de conteúdos publicados pelos três jornais nos dias analisados, os dados mostram que:

- 83,8% deles são do gênero informativo;
- 72,7% deles são notícias ou notas;
- 48,3% deles têm abordagem meramente descritiva;
- 2,4% deles têm abordagem contestatória.

Portanto, o jornalismo praticado pelos três jornais do interior paulista tem primado muito mais por informar e descrever os fatos do seu cotidiano. Nesse sentido, os periódicos pouco contribuem para, por exemplo, explicar, elucidar, discutir, interpretar, formar opinião, incentivar reflexões, entreter, mobilizar, contestar, instruir, educar, esclarecer etc. Por isso também se percebe o quanto ainda está por fazer para se ampliar os laços de identidade e proximidade do jornal – e, por consequência do conteúdo a que ele dá vazão

---

52 Disponível em: https://www.jcnet.com.br/Geral/2018/01/hanseniase-doenca-chega-a-demorar-anos-para--ser-diagnosticada.html

– com a população local. Enquanto isso, uma nota[53] publicada pelo Jornal da Cidade, de Bauru, sobre a necessidade de uma melhor fiscalização de lotes de terrenos doados pela Prefeitura de Piratininga, que bem poderia ter uma abordagem contestatória e até de denúncia, aparece com viés político-partidário, dando luzes à medida do governo local por realizar uma "verdadeira operação pente fino".

Como já havia pontuado Peruzzo (2005, p. 78), no jornalismo local

> os laços políticos locais tendem a ser fortes e a comprometer a informação de qualidade. É comum a existência de tratamento tendencioso da informação e até a omissão de fatos, em decorrência de ligações políticas com os detentores do poder local e dos interesses econômicos de donos da mídia. Claro que não se trata apenas de um problema da imprensa regional, mas nela parece que essas relações se tornam mais explícitas, justamente porque as possibilidades de confronto entre o fato e sua versão, por parte do leitor, são mais fáceis de acontecer.

O que acontece é que em contextos como este, as funções[54] culturais e mobilizatórias do jornalismo local e de interior, capazes de promover o diálogo, o debate e a elucidação, um processo de atividade comunicativa que considera não apenas a produção e distribuição de informações, mas, sim, de "ação para coordenação de ações entre diferentes que mantém suas diferenças, mas se ajustam e reorganizam pelo mesmo processo de aprender a escutar a si próprio e aos outros", como propõe Jorge González (2015, p. 319-320) e conforme já discutimos no Capítulo II, são prejudicadas.

Talvez tenha sido também por conta disso que Wilson Bueno (2013, p. 65) tenha se encorajado a ratificar que o jornal do interior e de proximidade que pretende cumprir uma vocação local deve-se se afirmar "como parceiro da comunidade, buscando mobilizar os cidadãos para que possam expressar suas ideias, encaminhar as suas reivindicações, comprometendo-se definitivamente com o interesse público".

Analisar as fontes às quais os jornalistas recorreram ao produzir seus conteúdos também foi oportuno e significativo. Dos 569 conteúdos publicados pelos três jornais nos três dias analisados, 195 (34,2%) não tinham nenhuma

---

53 Disponível em: https://www.jcnet.com.br/Regional/2018/01/prefeitura-de-piratininga-inicia-raiox-do-distrito--industrial.html
54 Com relação às funções principais da comunicação na sociedade, poder-se-ia, ainda, registrar – apenas como ponto de partida teórico e, portanto, não limitantes e únicas – aquelas apontadas por autores funcionalistas, como as de informação (providenciar informação sobre acontecimentos, indicar relações de poder), de correlação (explicar, interpretar e comentar o sentido dos acontecimentos e da informação), de continuidade (expressar a cultura dominante e reconhecer subculturas e novos desenvolvimentos culturais), de entretenimento (providenciar diversão e meios de descanso) e de mobilização (batalhar por objetivos sociais) (MCQUAIL (2003, p. 82-83).

fonte expressa, isto é, apenas 374 (65,7%) traziam uma fonte. Se considerarmos a totalidade de 569 conteúdos, apenas 4,74% recorriam a populares e pessoas comuns como fonte jornalística. Enquanto isso, apenas os conteúdos que recorriam a fontes oficiais, notáveis ou empresariais ocupam 47,4% do total.

Em uma análise precipitada poder-se-ia dizer que a população está representada apenas em menos de 5% dos conteúdos publicados pelos jornais. Seria um exagero. Sem dúvida, um conteúdo pode, mesmo sem trazer as pessoas comuns como fonte expressa, retratar uma demanda social local. Entretanto, esse dado evidencia um pouco das relações que os jornais do interior tentam estabelecer com as "autoridades" locais, regionais, estaduais e nacionais. Em outras palavras, tende a ser um jornalismo oficialesco, que, de certa forma, dissemina informações de fontes oficiais, muitas vezes, como se fossem um produto editorial, que teria sido apurado e tratado por uma equipe profissional. Em alguns casos, a fonte oficial é a única expressa e, provavelmente, consultada para a apuração daquele texto, quer seja uma mera nota.

Não se pretende, aqui, em um raciocínio maniqueísta, nomear culpados e inocentes, mas evidenciar as consequências de uma postura editorial que se arrasta há tempos e não somente entre os jornais do interior. Primando por uma análise dialética, considera-se que as razões dessas limitações e desse uso abusivo dos discursos oficiais como fonte podem ser as mais diversas, como a falta de equipe, o acúmulo de funções, o descomprometimento e o conformismo profissional ou até mesmo a falta de verba. Mais do que isso, é a perpetuação de uma postura de meros transmissores e difusores de um discurso autoritário que sai de poucos e se vale dos instrumentos de comunicação mediada para impactar uma grande maioria. Trata-se de uma postura cultural atrelada às práticas de um modelo difusionista de comunicação, interessado em "disseminar inovações", conforme discutimos no Capítulo II. Em última instância, como bem pontuou Paulo Freire (1967, p. 70-71), falta-nos vivência comunitária.

Nesse sentido, a vocação local e de proximidade dos jornais de interior tende a se exaurir. Tratar algumas das questões locais, mas fazê-lo com olhos e postura de quem "vê de fora" e, por força de uma herança cultural e ausência de tradição na lida popular, não os desfaz de uma postura de meros replicadores. Para se "tocar valsas populares", é preciso a partilha de uma vida social em comum. Como mostra Camponez (2002, p. 125),

> é essa vivência comum que determina as temáticas e as áreas de interesse que serão, tendencialmente, objecto do tratamento da imprensa regional e local. A ligação, faz-se, portanto, por essa comunidade de lugar [...]. É, em suma, o compromisso editorial e comunicacional com essa comunidade de lugar.

Se formos falar em classificações dessa vocação local, conforme propõe Gabriel Ringlet (*apud* CAMPONEZ, 2002, p. 101-102), fica claro que os três jornais analisados não chegariam a compor o que o autor denomina como "verdadeiro local", aquele que cria uma verdadeira estratégia e política editorial para "esmiuçar o local", mas do "falso local", que tem como principal razão de existência o interesse em vender a sua manchete. Não que os jornais não estejam interessados em prestar um serviço e cumprir uma função local, mas o fazem como segunda prioridade. A primeira é a monetização.

3. Modelos de negócios e estratégias de sustentabilidade

Desde meados da década de 1990, quando a Internet começou a operar de forma mais efetiva no Brasil, a maneira pela qual as pessoas acessam a conteúdos jornalísticos mudou significamente, da mesma forma que, consequentemente, sua rotina e modo de produção também sofreram alterações, gradativamente. Reconfigurações, rupturas e mutações têm acontecido no campo do jornalismo e da comunicação de forma geral.

Já não faz mais sentido a ideia de um processo noticioso em formato linear e fechado (BERTOCCHI, 2014), assim como não se pode desconsiderar as implicações do uso das tecnologias móveis na prática jornalística (SILVA, 2013), nem tampouco ignorar o advento da web semântica, dos algoritmos (SAAD; BERTOCCHI, 2012) e de novos formatos e textos digitais (RAMOS, 2011). O jornalista, hoje, aborda sua fonte, grava sua entrevista ou um vídeo e redige seu texto pelo smartphone. Do local de onde está consegue se conectar à rede e publicá-lo rapidamente. Igualmente, o leitor, por sua vez, consegue ter acesso a diferentes conteúdos, na palma da mão, de qualquer lugar.

Neste cenário, abrem-se novas perspectivas para o jornalismo, criam-se e se recriam possibilidades até, então, inexistentes. Entretanto, existe um setor do jornalismo que ainda enfrenta dificuldades para se abrir à disrupção: o modelo de negócio e suas estratégias de sustentabilidade. O modelo mais consolidado até então, baseado na venda de espaços publicitários para anunciantes, tem ruído com o avanço e atuação da Internet, das redes e dos smartphones. Além disso, segundo um levantamento recente do site Poder360 (2019, *online*[55]), com dados do IVC, entidade que metrifica e auditora o desempenho de veículos impressos e digitais, os jornais brasileiros têm perdido circulação em número de exemplares. No ano de 2018, de janeiro a dezembro, os dez jornais com maior tiragem perderam quase 35 mil exemplares entre

---

55   Disponível em: https://www.poder360.com.br/midia/efeito-bolsonaro-bump-foi-timido-e-jornais-tradicionais--perdem-assinantes/

edições impressas e digitais. Para além das configurações das plataformas e dos modelos de negócios, a crise no jornalismo se complexifica.

E no cenário do interior paulista o contexto não é diferente. Esta pesquisa pôde evidenciar que, no jornalismo local, apesar do processo de transição do impresso para a Internet e de todas as consequências desta digitalização que acontece tanto para a produção e distribuição, como para o consumo de conteúdos, ainda existem dificuldades para se encontrar um modelo de negócio capaz de monetizar efetivamente o conteúdo digital.

Como sinalizou João Jabbour, do Jornal da Cidade, de Bauru,

> Nunca se anunciou tão pouco no jornal impresso. Então, o problema é a publicidade, que é 65% do nosso bolo orçamentário. 35% é a audiência, que quem paga é o leitor. [...] Nesse novo mundo, nós temos que fazer uma inversão desta lógica. Os jornais vão ter que ser financiados por quem lê e não mais pelas empresas, que tem mil outras formas pelo mundo digital para chegar até os seus clientes.

Além disso, se os grandes anunciantes, que tendem a investir em jornais de circulação nacional, por conta de sua atuação, estão deixando os jornais impressos, conforme sinalizou Clay Shirky (2015, *online*[56]), no interior, entre os anunciantes locais, a tradição do impresso ainda é mais forte que o digital. Tanto é que, em toda nossa análise dos jornais *online*, não foram encontrados *banners* ou outros formatos de publicidade de anunciantes locais ou regionais, mas apenas aqueles oriundos de *adnetworks* que apresentam anúncios aleatórios de acordo com o perfil e navegação do internauta.

Nesse sentido, do ponto de vista de negócios, os jornais do interior apresentam algumas tendências e características, como: a) dependência de verba publicitária; b) dificuldades em monetizar e rentabilizar o digital; c) dependências de verbas e parcerias com os governos locais; d) cada vez mais, buscam modelos de negócios alternativos para driblar a crise.

E em contextos como este, "é essencial o desenvolvimento de uma cultura organizacional [...] que seja propensa ao desenvolvimento e à implementação de inovações em diversos setores internos e externos", como explicam Spinelli e Corrêa (2017, p. 76). Como sinaliza Fineis, do Cruzeiro do Sul, de Sorocaba, "a crise é o momento realmente de você parar e repensar tudo. Nos últimos três anos, com maior intensidade, a gente tem discutido o jornal, discutido o *online*, discutido estratégias, bolado projetos, ações, definindo metas".

E uma das alternativas que mais estão sendo deliberadas, inclusive, no âmbito dos jornais do interior, é sobre o uso do "paywall", uma forma de

---

56   Disponível em: https://medium.com/@cshirky/john-one-key-source-of-anxiety-for-the-current-transition--should-be-the-role-of-the-advertiser-e0c054d94e75

restringir o acesso do leitor aos conteúdos, mas liberá-lo por meio de uma assinatura paga. A medida já foi adotada por jornais como Folha de S.Paulo, O Estado de S. Paulo, O Globo e Exame.com e é estudada pelos três jornais estudados nesta pesquisa.

Apesar do Jornal da Cidade, Cruzeiro do Sul e Correio Popular manterem gratuito o acesso aos seus portais, esta é a uma discussão bastante atual em seu dia a dia. Como sinaliza Ricardo Fernandes, do Correio Popular,

> Os anunciantes, as empresas, os parceiros ainda pagam de maneira diferente a publicidade online da publicidade impressa. Então, tem um valor agregado aqui [no impresso] que a internet ainda não é o coro popular. As empresas como um todo não conseguiram ainda qualificar da maneira que seria essa transição que ainda não aconteceu. [...] Não posso te falar a respeito disso [sobre fechar o acesso gratuito ao online], mas posso te falar que o site do Correio é 100% aberto, contrariando a tendência.

Ainda no sentido de tentar administrar este impasse, o Jornal da Cidade, de Bauru, no início de fevereiro de 2018, chegou a extinguir a circulação da edição impressa de segunda-feira, criando, então, a "Segunda Digital". Segundo João Jabbour, editor-chefe do jornal, trata-se de uma nova experiência para "testar o audiovisual de forma mais frequente, mais profissional", além de uma oportunidade para educar a faixa de leitores que ainda se mantém adepta ao impresso. Por trás dessa decisão, há ainda, uma otimização de custos, já que, conforme ele mesmo explica, os custos de produção do jornal, no domingo, para circulação às segundas, são mais caros.

Para além da publicidade e da venda por assinatura ou banca de jornal, outros modelos de receita também têm surgido, em diferentes experiências jornalísticas, no Brasil e no mundo. Uma delas, que vem sendo amplamente discutida, inclusive, no âmbito do jornalismo do interior paulista, como pudemos perceber, é o *paywall*. Além dele, há, por exemplo, o tão discutido *"branded content"*, que traz uma mistura de conteúdo patrocinado e informação jornalística apurada, mas que não foi encontrado como prática recorrente e institucionalizada nos jornais analisados, mas que tem sido estudada por João Jabbour, do Jornal da Cidade, de Bauru, por exemplo.

Nesse sentido, a busca por alternativas parece estar na diversificação dos modelos de negócios, recorrendo a outras formas de sustentação e receita, para além da publicidade. São ações que podem culminar na otimização de custos e na ampliação de receitas, sem comprometer a independência editorial da produção jornalística. Como já foi sinalizado (SPINELLI; CORRÊA, 2017, p. 86),

> para que as indústrias de comunicação produzam um jornalismo sem depender tanto do subsídio da publicidade, e que mantenha as premissas

de uma atividade relevante para os processos democráticos de uma sociedade, precisam encontrar outros canais de sustentação. O estabelecimento de relações com outros setores independentes e áreas de atuação são alternativas para que existam receitas suficientes e financiadoras de um bom jornalismo que, normalmente, abarca altos custos de produção.

Do ponto de vista institucional e empresarial, o Jornal da Cidade, de Bauru, por exemplo, tem buscado ampliar seus vínculos mercadológicos na região em que atua, por meio da constituição de um bloco de negócios em diferentes mercados. Nesse caso, o jornal integra um grupo que também detém o controle de uma gráfica, uma empresa de transporte intermunicipal de passageiros em ônibus, uma rádio FM e uma construtora local. Se por um lado, a atuação do grupo funciona, notadamente, na otimização de esforços de penetração e operação no mercado local, por outro, não chega a constituir um "modelo de negócio integrado"[57] (CHESBROUGH, 2012, p. 107). Aberto à inovação, esse modelo se efetiva quando há uma amplificação de atividades para além do segmento de atuação da empresa. Entretanto, no caso do Jornal da Cidade, essa diversidade de atividades e empresas não se dá com objetivo de trazer inovações para os modelos de renda do jornal.

Em outras palavras, busca-se na diversificação das empresas do grupo uma estratégia para melhor atuar no mercado local sem que haja uma abertura para inovação dos modelos de rentabilidade do jornal. Se na esfera do conglomerado se oferecem serviços e produtos para diferentes segmentos, no âmbito do jornal há, ainda, restrições das estratégias de angariação de receita. Ou seja, não se vê uma integração efetiva de inovação entre os diferentes negócios do grupo. Há, portanto, a constituição de um conglomerado que atua por trás do jornal, mas não há um direcionamento de esforços para se inovar além do modelo tradicional de sustentabilidade financeira.

A atuação como um grupo traz, consequentemente, uma diversificação e uma situação privilegiada de atuação no mercado local, principalmente frente a anunciantes e instituições representativas do poder político, social, econômico e cultural, mas que não carrega uma abertura suficiente para a inovação. Configura-se, portanto, uma tentativa de diferenciação do modelo original, algo próximo da proposta de "modelo de negócio diferenciado" trazida por Chesbrough (2012, p. 98). Prova disso é que, apesar das estratégias de composição financeira do grupo e sinergia entre suas empresas, o jornal ainda conta com 65% de seu bolo orçamentário oriundo da publicidade tradicional, principalmente dos espaços do jornal impresso, conforme sinaliza Jabbour.

---

57 Para Henry Chesbrough (2012), a inovação das empresas pode ser associada a seis níveis de modelos de negócios: a) indiferenciado; b) diferenciado; c) segmentado; d) externamente consciente; e) integrado; f) adaptativo.

Situação parecida tem acontecido com o Cruzeiro do Sul, de Sorocaba, mantido pela Fundação Ubaldino do Amaral, desde 1964, ano de sua fundação. Na esfera institucional da Fundação, há uma diversidade de frentes de atuação para além do jornal, como o Colégio Politécnico de Sorocaba e outras entidades assistenciais atuantes na cidade. Há, portanto, uma diferença: o grupo possui uma atuação filantrópica, ainda que essa motivação coexista com a necessidade de fazer do próprio jornal um negócio rentável.

Apesar de certa predisposição para favorecer e criar um trabalho mais ligado e aberto à participação popular, como veremos no próximo tópico, o Cruzeiro do Sul também tem enfrentado dificuldades na busca por inovações nos modelos de negócios e formas de sustentação e receita. Se, por isso, atuam no raciocínio do "modelo de negócio diferenciado" (CHESBROUGH, 2012, p. 98), sustentam certa inovação ao, por exemplo, institucionalizar parcerias com jornalistas e criadores de conteúdos locais para publicações nos *blogs* do portal. Criam-se alternativas para ampliar a participação de personalidades locais e, com isso, amplificar a veiculação de conteúdos sobre o entorno da cidade, mas, ainda, sem um modelo claro e planejado de rentabilização. Como explica Fineis, do Cruzeiro do Sul,

> Hoje, os blogueiros são parceiros. Uma coisa que a crise também nos ensinou é trabalhar com parcerias, é abrir para parcerias. Porque o jornal, ou a gente faz ou ninguém faz. Hoje, os blogueiros são parceiros. Eles têm contrato assinado com o jornal. Se houver venda de patrocínio, é dividido e eles recebem também. E o jornal tem uma série de obrigações com eles: todo dia eu separo três, quatro blogs para colocar em destaque na homepage. Isso já garante 1.500 a 1.600 acessos num dia.

O Correio Popular, de Campinas, por sua vez, parece, também, ter dado um passo no sentido de otimizar seu modelo de trabalho, pelo menos no que tange uma melhor cobertura dos assuntos locais e uma melhor distribuição destes conteúdos pelos diferentes veículos do grupo. Com a Agência Anhanguera de Notícias, a empresa reúne repórteres, editores e fotógrafos para produzirem o conteúdo jornalístico local. E essa cobertura noticiosa que abastece o Correio.com, o Notícias Já e as revistas Metrópole e VCP, que circula no Aeroporto de Viracopos.

Os três jornais estudados, deste modo, atuam de forma bastante articulada nas diferentes esferas locais, com foco em melhor se relacionar com as instituições políticas, sociais, econômicas e culturais de seu entorno. Para isso, criam alianças, estabelecem parcerias, angariam acordos[58]. Entretanto,

---

58   Um exemplo seria, ainda, a estratégia do Jornal da Cidade, de Bauru, ao desenvolver e apoiar, em parceria com diferentes setores sociais, eventos que favoreçam entidades beneficentes locais ou, ainda, de

uma das principais dificuldades ainda diz respeito à habilidade em se pensar modelos alternativos de receita, ou, idealmente, em modelos múltiplos de receita, principalmente relacionados aos conteúdos digitais. Formatos e estratégias como *paywall, branded content, business intelligence, newsletters*, curadoria de eventos em geral e até mesmo financiamentos coletivos ainda não são vistos com recorrência na imprensa do interior paulista. Apesar de deliberações internas a respeito, pouco se inovou para além da venda de exemplares em bancas, das assinaturas e da venda de espaços publicitários no impresso. Com um agravante: enquanto a audiência tem migrado para os portais e para as redes sociais, de forma dialética, os anunciantes parecem insistir na publicidade impressa e os jornais de interior têm se tornando cada vez mais reféns deste impasse. Mesmo campanhas publicitárias em formato tradicional de banner são subutilizadas no digital. São contradições intrínsecas deste processo de avanço para o digital.

Além da capacidade para ampliar sua capilaridade e possibilidades de modelos de receita, os jornais do interior, enquanto gestores de informações apuradas sobre suas regiões, carecem de reconhecer sua posição de destaque em suas localidades, inclusive para oferecer outros serviços de valor agregado para seus mercados.

4. Avanços e estratégias para a participação popular

É bem verdade que existem diferentes nuances, possibilidades e intenções de participação popular na comunicação. Da carta enviada ao jornal, do comentário deixado ao final da notícia, do texto compartilhado pelas redes sociais com uma breve opinião, até formas mais profundas e institucionalizadas, como a produção de conteúdos e até de planejamento, edição e gestão. São formas pelas quais os seres humanos tendem a agir socialmente, coordenando suas ações, se inter-relacionando, construindo significados, criando relações de poder.

Mas, ainda, é bem verdade que essas interações sociais têm se ressignificado ao longo dos anos, inclusive, pela atuação cada vez mais contínua das tecnologias e das redes nos diferentes segmentos da vida social. Ampliam-se as possibilidades de interação e participação social na mesma medida em que se alastram medidas para controle e vigilância, tanto pelas ambiências digitais como no *offline*.

A participação popular na comunicação, portanto, tem abarcado novas particularidades, matizes e conexões, principalmente ao considerarmos a

---

comemoração ao Natal. Além de um marketing de relacionamento com diferentes instâncias locais, também configura-se como uma possibilidade de tática de sustentação econômica.

emergência do que Castells (2013, p. 11-12) tem chamado de autocomunicação, no cenário das redes e das tecnologias móveis de comunicação. Para ele,

> É comunicação de massa porque processa mensagens de muitos para muitos, com o potencial de alcançar uma multiplicidade de receptores e de se conectar a um número infindável de redes que transmitem informações digitalizadas pela vizinhança ou pelo mundo. É autocomunicação porque a produção da mensagem é decidida de modo autônomo pelo remetente, a designação do receptor é autodirecionada e a recuperação de mensagens das redes de comunicação é autosselecionada.

Ainda que, de forma geral, os três jornais estudados não favoreçam níveis aprofundados de participação popular, as tecnologias têm ampliado suas possibilidades, no contexto do interior paulista. Em geral, participa-se, majoritariamente, no "nível das mensagens" (PERUZZO, 2004, p. 144-145), ao conceder uma entrevista, ao sugerir uma pauta, ao fazer uma denúncia ao jornal. É o caso, por exemplo, do Correio Popular, de Campinas, que, inclusive, vale-se de suas redes sociais para incentivar este tipo de participação, pedindo sugestões de pautas sobre as realidades dos bairros e abrindo um canal para denúncias.

Além de práticas desse tipo, inova-se no uso da Internet e de redes como o aplicativo WhatsApp, como no projeto "Repórter Cidadão", já citado, pelo qual o Cruzeiro do Sul, de Sorocaba, criou um canal de interação com os leitores, favorecendo o envio de fotos e vídeos para uso jornalístico, além de sugestões de pautas e denúncias. Conforme já explicitado, com objetivo de institucionalizar e criar mecanismos e estratégias que facilitem esse tipo de participação, o jornal chegou a organizar workshops com mais de 100 leitores, com objetivo de capacitar a audiência a respeito do que é notícia, quais os critérios e características para a seleção de uma informação noticiável, como fazer fotografia e vídeos com o celular etc. Neste sentido, com apoio da tecnologia móvel, avança-se para o nível de "produção de mensagens" (PERUZZO, 2004, p. 144-145), já que, além da sugestão de pauta e dos depoimentos como fonte, participa-se de forma mais engajada e recorrente e, inclusive, com fotos e vídeos.

Há, portanto, uma atuação do jornal enquanto *gatekeepers*, ou seja, na seleção das sugestões. Apesar do interesse de alguns leitores de participarem enviando relatos e textos já redigidos, segundo explica Fineis, editor do Cruzeiro do Sul, essa função de elaboração e edição do conteúdo jornalístico é reservada apenas aos repórteres e profissionais do jornal. Configura-se, portanto, como uma "participação controlada" (PERUZZO, 2004, p. 78-79), observada quando ainda ocorrem restrições e delimitações.

Sabe-se que, em níveis mais avançados, idealmente na modalidade de "participação-poder" (PERUZZO, 2004, p. 81-82) ou de planejamento e gestão dos meios (PERUZZO, 2004, p. 145), a participação popular contribui para fazer do ato comunicativo, ainda que tecnicamente mediado, um processo educativo. Contribui, então, para a cidadania e o desenvolvimento integral e humano.

Por mais que essa prática ideal ainda não se faça realidade no interior paulista, ao menos a partir dos casos estudados, o projeto "Repórter Cidadão", do Cruzeiro do Sul, já cumpre um papel neste mesmo sentido, ainda que de forma mais incipiente. Na prática, a iniciativa contribui para legitimar um trabalho de repórteres populares que atuam em rede, capaz de facilitar uma cobertura jornalística mais conectada às realidades e necessidades locais.

Além dessa estratégia dar amplitude para assuntos, temáticas e informações que dizem respeito ao cotidiano local, ela também contribui para que as pessoas que participam tenham uma melhor percepção sobre os modos de operação da imprensa e sobre a realidade de seu entorno, além de criarem uma percepção crítica e política sobre sua localidade e sobre o mundo.

E isso evidencia que por mais que o impacto das tecnologias seja efetivo no cotidiano e nas formas de participação social, essas conexões em rede se dão em múltiplas formas, ou seja, a forma de conexão em rede é multimodal (CASTELLS, 2013, p. 159), isto é, ora ela se dá *online*, ora se dá *offline*. Além disso, muitas vezes, quando se manifesta no digital é porque, antes, já existia no *offline*.

As formas de conexão, interação e participação social se mantém, mas se revigoram e se inovam, não abandonando o *offline* para existir tão somente nas redes digitais, mas fazendo desta interação entre o on e off a sua própria permanência. A vida social e, por consequência, a participação, parecem existir para além das redes, ainda que tecnófilos fundamentalistas tendam a depreciar a questão ou supervalorizar o poder de influência da técnica sobre o social.

No período analisado, um exemplo de conteúdo jornalístico pautado a partir de uma sugestão que se originou no "Repórter Cidadão" aborda o sentimento de solidariedade entre amigos, que fez nascer uma campanha para arrecadar fundos para o tatuador Marcos Mendes, vítima de um acidente automobilístico. Com o título "Amigas fazem campanha para socorrer tatuador" (2018, *online*[59]), o texto foi sugerido por Camila Meira, leitora do jornal e integrante do projeto.

A participação popular, nesse sentido, é capaz de aprofundar os laços do jornal com seu entorno, contribuindo para uma comunicação de proximidade, de vocação "verdadeiramente local" (RINGLET *apud* CAMPONEZ, 2002, p. 101-2). Ainda que não tão aprofundada, a participação no nível da produção das mensagens permite um vínculo editorial de maior comprometimento, isto é, uma proximidade ainda mais próxima, como preferiu chamar Camponez (2002, p. 120). Como explica o autor (CAMPONEZ, 2002, p. 122),

---

[59] Disponível em: https://www2.jornalcruzeiro.com.br/materia/865375/amigas-fazem-campanha-para-socorrer-tatuador

a imprensa local tem, assim, por função manter e promover uma saudável vida democrática, permitindo a troca de ideias, favorecendo o debate e procurando fazer com que os seus leitores se interessem pelo ambiente que os rodeia, por forma a levá-los a assumir uma atitude participativa do ponto de vista social.

Se na comunicação comunitária e local, a participação popular contribui para ampliar os processos educativos e de promoção da cidadania, ampliando os laços e vínculos de identidade e criando ações mais avançadas de mobilização, na comunicação regional ela também pode se configurar como uma estratégia para melhor aprofundar as relações com as instâncias e públicos locais, ainda que existam objetivos mercadológicos em jogo. Ainda nas palavras de Camponez (2002, p. 114),

> A redescoberta do conceito de proximidade assumiu uma importância tanto maior, nos últimos anos, quando a crise de leitores parecia agravar-se, constituindo-se como uma estratégia para recuperar imensas franjas de públicos que normalmente estão alheados dos grandes meios de comunicação de massa, quer pelo acesso ao seu conteúdo, quer pela possibilidade de se constituírem como sujeitos de comunicação.

E é claro que, nos três jornais analisados, ambos os interesses aparecem conjugados como pontos motivacionais para as ainda raras estratégias já estruturadas de fomento à participação popular.

Neste quesito, se pudéssemos comparar os três casos, diríamos que o Cruzeiro do Sul, de Sorocaba, é o que mais tem primado por criar e favorecer canais e estratégias efetivos de participação. Dois exemplos institucionalizados e já em níveis mais avançados seriam a rede de blogueiros locais e o projeto "Repórter Cidadão". Talvez esta abertura seja uma consequência da própria trajetória histórica do jornal e do tipo de gestão de sua mantenedora, aparentemente sempre ligada ao terceiro setor e à filantropia. Muda-se o foco, mudam-se as práticas.

5. Contribuições para o desenvolvimento. Que desenvolvimento?

De fato, existem inúmeros exemplos de iniciativas, projetos, agregações solidárias, práticas coletivas, cooperativas e organizações comunitárias que rompem com uma visão de desenvolvimento como sinônimo de progresso linear e econômico, de um modelo desenvolvimentista baseado no difusionismo e na concepção de modernização, conforme discutimos no Capítulo II.

Entretanto, é essa segunda vertente que, ainda, tem predominado, culturalmente, nas ações e práticas sociais de nossos dias. E isso, indubitavelmente, se reflete nas práticas comunicativas, sejam elas tecnicamente mediadas ou não.

É notório que a ideia de modernização e de uma cultura de comunicação difusionista tenham norteado as práticas jornalísticas, desde a dita grande mídia, mas, inclusive, naquelas que acontecem em âmbito local e que, por isso, carregariam uma oportunidade de romper com este escotoma e visão essencialmente atrelados ao poder do capital.

Os jornais locais, por conta dessa posição privilegiada de proximidade com seu entorno e de inserção efetiva no cotidiano social local, possuem também um maior potencial para promover uma outra ideia de desenvolvimento ou até mesmo resistir ao avanço da cultura desenvolvimentista e progressista. Mas, esta pesquisa também contribuiu para evidenciar que isso nem sempre tem acontecido, na prática, no contexto da imprensa do interior paulista, conforme temos visto neste Capítulo e como veremos adiante, ainda neste tópico. Parece que uma cega mais-valia eclipsou nossa capacidade de articulação, de vida comunitária, de vivência e engajamento na participação social, de interesse com aquilo que é comum e que diz respeito ao povo em geral. Até se vê traços de certa participação, mas ainda nos faltam condições para resistir à cultura da modernização e dar vazão a uma outra concepção de vida social, talvez àquela proposta pelas ideias do *buen vivir*. Carece-nos uma cultura de melhor articulação e mobilização como povo.

Ainda que os três jornais, de forma geral, prestem relevantes serviços para suas localidades, seja ao levantar bandeiras de conscientização, ao difundir conteúdos explicativos e com orientações de interesse público, ao abrir e criar canais de conexão com os leitores para sugestões de pautas e até mesmo ao denunciar ou tornar públicos os problemas vividos pelas pessoas de seu entorno, os dados reunidos por esta pesquisa evidenciam que essa postura de prestação de serviços é comungada com outros interesses, como o mercadológico. E isso é notadamente refletido na intensidade de seus vínculos com seus locais de atuação e no tipo de desenvolvimento que acabam contribuindo, por consequência.

Como explicitado acima, praticamente 50% dos conteúdos publicados pelas versões *online* dos três jornais estudados são reproduções na íntegra de conteúdos de grandes agências de notícias. Além disso, 42,5% deles abordam questões locais ou regionais, mas 57,5% tratam de temáticas nacionais ou internacionais, a grande maioria sem qualquer contextualização ou tratamento com foco na audiência local. De certa forma, estes jornais optam por dar vazão ao fluxo noticioso produzido por grandes conglomerados, na melhor lógica difusionista de comunicação, disseminando óticas, visões e pontos de vista de quem se insere deliberadamente na lógica do grande mercado e que nada comungam com estas localidades. Não só não se opõem, mas acabam, inclusive, contribuindo e legitimando a lógica da modernização que defende um desenvolvimento e progresso baseado e metrificado meramente por indicadores e raciocínios econômicos. Além de tudo, por dar vazão a um fluxo comunicacional que vem de fora para dentro da localidade, esta prática acaba por não valorizar e até mesmo menosprezar culturas e tradições locais, os também chamados regionalismos.

É claro que os jornais locais e de proximidade precisam e devem dar voz para temáticas e assuntos nacionais e internacionais. Em um mundo interconectado como o nosso, questões globais impactam sobremaneira as locais. Mas para romper com a cultura da modernização, esses meios de comunicação precisariam, no mínimo, trazer esses assuntos de forma contextualizada à realidade da audiência local. Idealmente, precisariam dar vazão a uma análise com reflexões locais sobre o impacto local daquela questão global. Aí seriam glocais por vocação e intencionalidade e não partilhariam desta condição de receber ideias e análises de fora, que chegam prontas, podendo até ser tratadas como finais. Como sinaliza Catherine Walsh (2016, p. 51), esta

> outra comunicação [...] é a que começa a se constituir de palavra e ação desde baixo, desde as bases e comunidades, [...] desde os espaços próprios e os meios apropriados (rádio, internet, impressos, vídeo etc.), para ler os contextos, tecer resistências e fortalecer, recriar e defender a vida [...].

Na verdade, o que está em combate é uma reflexão capaz de criar condições para forjar uma comunicação que contribua para retirar a sociedade do viés do desenvolvimento, ou seja, o chamado pós-desenvolvimento. Trata-se do abandono da ideia de progresso linear de desenvolvimento, que implica em deixar de ser subdesenvolvido com a meta de, um dia, ser desenvolvido. Como explica Manuel Chaparro (2015, p. 171), "o urgente, agora, é começar a saber contar a realidade por meio de uma narrativa contra o doutrinamento do sistema, que denuncie a perversão terminológica a partir da qual se constrói nosso cotidiano". E o jornalismo local, por sua proximidade e capacidade de inserção nas realidades, culturas e identidade locais ocupa papel singular na construção desta narrativa. Mas não uma narrativa baseada na reprodução das mesmas lógicas e fluxos da grande imprensa e dos grandes conglomerados, mas aquela capaz de engendrar uma comunicação como processo, isto é, de um fluxo autóctone, que nasce da própria realidade e necessidade popular local.

Outro ponto que também poder-se-ia sinalizar diz respeito a essa capacidade intrínseca que os jornais locais e regionais carregam em si, de favorecer o debate, a denúncia e a mobilização para construção de saberes, reflexões e conhecimentos, mas que se vê prejudicada, nestes casos, uma vez que 48,3% dos conteúdos publicados por estes jornais possuem um tratamento meramente descritivo. Desconsidera-se ou desconhece-se as possibilidades de se favorecer a lógica de um desenvolvimento participativo, que coloca as pessoas em uma postura de mobilizar para refletir, reconhecer e agir, num sentido de se compor diferentes para construir conhecimentos e ações em conjunto. Raras exceções poderiam ser apontadas, como é o caso embrionário do "Repórter Cidadão", do Cruzeiro do Sul, de Sorocaba. Para além de descrever fatos, os jornais locais possuem uma responsabilidade importante no sentido de esclarecer, formar opinião, gerar reflexão, fazer analisar para, então, mobilizar. E mobilizar, neste caso, não necessariamente significa sair às ruas, se manifestar, pegar em armas, mas sair de um estado de inércia e partir para a ação. Uma ação que parte de um processo de reflexão e da ampliação de consciência. Um mobilizar para a cidadania. Como tem dito Peruzzo (2012, p. 12),

> trata-se de pensar a comunicação num processo organizativo de caráter comunitário que se volte para a produção de conhecimento e de sistemas de informação segundo as necessidades e interesses dos grupos envolvidos. Nessa perspectiva, ela é parte constitutiva das práticas sociais mobilizadoras no exercício da cidadania. Na concepção de desenvolvimento participativo, integral e sustentável, a comunicação baliza-se por uma ótica diferente daquela da teoria da modernização. Se ele é participativo, requer a participação ativa da população na comunicação. Não se trata somente de difundir conteúdos favoráveis ou facilitadores, mas de construir a passagem de receptor para emissor e gestor da comunicação, de entender a comunicação como processo de coordenar ações entre as pessoas, como diria González. Nessa perspectiva, ela facilita dinâmicas destinadas a ampliar o conhecimento e a estabelecer relações organizativas e mobilizadoras.

Assim, no raciocínio desse processo de uma outra comunicação e um desenvolvimento humano integral, são as audiências locais, isto é, as pessoas do entorno do jornal, que ganhariam o papel de protagonistas deste fluxo de ações e saberes, seja como fontes do conteúdo jornalístico ou até mesmo como produtoras, editoras e gestoras. Mas, nos três jornais estudados, o que se encontra é um "jornalismo oficialesco", que em mais de 47% dos conteúdos recorre a fontes oficiais, notáveis ou empresariais, e que se esquece da pessoa comum, tomada como fonte jornalística apenas em menos de 5% dos conteúdos publicados. Mais uma evidência, portanto, de que a vigente cultura do capital tem engolido a cultura participativa e a ideia de mobilizar para construir significados e construir mudanças, que acaba se relegando a um segundo plano.

Por diferentes questões como falta de interesse, desconhecimento de possibilidades e limitações financeiras, técnicas e de pessoal, os três casos não deram conta – e talvez nem queiram – de se desvencilhar da lógica do capital. Talvez buscando uma relativa segurança de um caminho já trilhado, procuram se apoiar nas práticas da grande imprensa e se fecham à criatividade, à inovação e à realidade local.

Neste sentido e com base nestas análises pertinentes aos tipos de desenvolvimento ecoado e apregoado pelo trabalho desenvolvido pelos três jornais, a ideia de um jornalismo de proximidade, isto é, daquele de intensidade e vocação local, mais próximo, verdadeira e intimamente ligado às culturas locais, fica bastante distante.

Importante, ainda, registrar que não se almeja condenar e nem se desconsidera a possibilidade de se desenvolver um jornalismo local com fins mercadológicos, uma vez que, como também pontuamos no item três deste capítulo, existem discussões acerca de estratégias e novos formatos para se inovar nos mecanismos de sustentabilidade dos jornais que atuam no contexto digital. Portanto, considera-se, inclusive, a possibilidade de, mesmo ao se configurar como uma empresa com um fluxo de caixa a cumprir, desenvolver um trabalho que prime por uma intencionalidade no vínculo local.

Mas, conforme pudemos perceber neste Capítulo, para romper com a lógica da modernização e desenvolver uma comunicação de vocação "verdadeiramente local" (RINGLET *apud* CAMPONEZ, 2002, p. 101-102), não basta veicular alguns conteúdos sobre os assuntos da cidade. É preciso foco e planejamento claro, além de intencionalidade e estratégias mais aprofundadas de participação popular. É preciso descentralizar, portanto. Centralizar decisões, escopos e ter o lucro como prioridade parecem ser posturas paradoxais para quem pretende favorecer e incentivar mecanismos de participação.

CONCLUSÃO

Esta pesquisa procurou inserir o chamado "Internet Studies" no âmbito do jornalismo praticado no interior paulista. De fato, percebe-se que tem crescido o interesse, por parte dos pesquisadores, em melhor compreender as nuances da atuação da Internet e das tecnologias em rede no jornalismo e na comunicação como um todo. Entretanto, pouco se olha para o jornalismo existente além dos grandes centros e das grandes tiragens.

Por si só, o estudo do jornalismo local e regional, apesar de ter ganhado força, nos últimos tempos, tem sido bastante embrionário no Brasil. Entender tal fenômeno a partir das movimentações e transformações vividas por força da Internet, parece-nos ainda mais desafiador. Não apenas por se tratar de algo pouco pesquisado, mas, também, por abordar o dinamismo de um movimento societário, em pleno contexto de transformação e, por consequência, rico em contradições.

Também por conta disso, esta pesquisa traz luz sobre várias questões vividas, atualmente, pelos jornais do interior paulista, mas, ao mesmo tempo, vê-se demarcada pelo tempo e pelo espaço, uma vez que é delimitada por um recorte temporal e territorial. Nesse cenário, o estudo propôs-se a responder a seguinte pergunta: por que transformações passam e que modelos de conteúdo adotam os jornais do interior paulista ao avançarem do impresso para a Internet? E que perspectiva de desenvolvimento tem ecoado a partir de seus modelos de negócio e estratégias argumentativas sobre seu próprio papel nas localidades?

Observou-se que os conceitos que consideram os espaços e territórios, como local e região, são importantes pontos de partida para os estudos do jornalismo que acontece em perspectiva localista. Por outro lado, sozinhos, eles pouco podem significar. Como dão contam de demonstrar as pesquisas relatadas no Capítulo I, tais dimensões precisam sempre ser tomadas de forma inter-relacional, ou seja, de forma dialética, um em comparação ao outro. Ainda assim, são fontes de significados.

Apesar desta complexidade e característica híbrida dos conceitos e significados que se retomam estas dimensões espaciais, são delas que os meios de comunicação se apropriam para estabelecer seus laços, desde os identitários aos mercadológicos. O que, notadamente, estabelece uma lógica segundo aspectos técnicos de circulação, alcance e difusão, mas também estratégicos e de influências, estes relacionados a questões políticas, econômicas, sociais, culturais etc.

Outra questão é que, apesar da forte cultura das práticas jornalísticas da dita "grande mídia", muito presente nestes jornais que atuam de forma local, não existe apenas um modelo de jornalismo local e de proximidade. Contexto de fundação, intenções e foco de trabalho, tipo de gestão, cultura organizacional, equipes, infraestruturas, modelos de negócios, tecnologias disponíveis etc. é que condicionam o escopo e atuação de um jornal local. Múltiplas são as formas de atuação na prática de coletar, tratar, difundir e publicar conteúdos jornalísticos, o que contribui, sobremaneira, para complexificar o fenômeno.

Sendo assim, esta pesquisa teve como objetivo identificar e compreender o ciberjornalismo local e de proximidade, suas configurações em termos de produção e as transformações pelas quais passam os jornais do interior paulista, especialmente aqueles com produção regular de conteúdo para o ambiente *online*, além de apreender que tipo de desenvolvimento esses meios apregoam como foco de suas atuações.

Neste sentido, a partir dos casos estudados, fica evidente que o jornalismo local também vive uma fase de adaptações, incertezas e transição para o digital. Além do cenário de uma recessão econômica mundial, com o avanço da audiência para a Internet, enfrentam-se dificuldades com os modelos e formas vigentes de monetização do jornalismo.

No que diz respeito às práticas jornalísticas, observa-se uma forte cultura do impresso. Ou seja, os jornais ainda veem o impresso como principal produto, e todos os seus processos são decorrentes desse foco. Além de um "ciberjornalismo copy & paste", que insiste na simples reprodução dos textos publicados no impresso, há uma subutilização dos recursos e possibilidades que o digital permite.

Do ponto de vista do modelo de negócio adotado, percebe-se que não há muita abertura à inovação, a novas formas de monetização, principalmente com foco no digital. Substancialmente, recorre-se ao conteúdo publicitário, à venda em banca e às assinaturas das edições impressas como principais estratégias de sustentabilidade financeira. Apesar disso, as equipes de gestão dos jornais vivem, atualmente, um caloroso debate sobre o assunto.

Os jornais estudados também não possuem um forte interesse em favorecer estratégias de participação popular. De modo geral, participa-se sugerindo pautas, dando depoimentos em entrevistas, comentando as notícias pelas redes sociais etc. Há, no entanto, iniciativas e avanços favorecidos pelas tecnologias em rede. Ampliam-se as possibilidades de participação, como no caso do "Repórter Cidadão", do Jornal Cruzeiro do Sul, que incentiva o envio de fotos e vídeos para uso jornalístico, além de sugestões de pautas, denúncias e avisos.

Apesar disso, ao menos nesses contextos, não se vê uma forte tradição a mobilização popular e à reivindicação. As pessoas parecem ainda ter certa resistência em aceitar que podem ser senhores de sua história, independente de governo ou de outras forças sociais. Essa cultura também não é observada como um foco estratégico dos veículos analisados. Em vez de um caráter contestatório ou de denúncias, observa-se uma política do "não conflito", seja porque há relações de compromisso com as entidades político-econômicas locais ou mesmo por desinteresse na prática de um trabalho popular engajado.

Por essas questões e também por um processo de coadunação com a lógica do grande capital, apregoam-se práticas estritamente condizentes com a concepção da teoria da modernização, como tipo de desenvolvimento a que se favorece. Apesar de alguns ensaios de práticas participativas, são, por outro lado, de forma dialética, o difusionismo e a concepção desenvolvimentista da modernização que mais tem ecoado entre as práticas, ações e estratégias jornalísticas, no contexto do interior paulista.

No contexto estudado, as possibilidades de uma comunicação ancorada na proposta do *buen vivir* ainda se configuram como um *vir-a-ser*, principalmente ao se considerar a força que ainda exercem, em nossos dias, o modelo desenvolvimentista e os padrões do modo de produção capitalista. É claro que existem movimentos que fazem por forjar o avanço de "um outro modelo", inclusive no sentido de resistência, mas a lógica do *buen vivir* exige novas bases e na transcendência dos paradigmas atuais.

No que tange os jornais do interior paulista, as principais tendências observadas poderiam ser resumidas da seguinte forma: a) vivem um tardio processo de transição e avanço para o digital; b) vivem um impasse e dificuldades com os vigentes modelos de negócios e formas de monetização; c) apesar de algumas tentativas de melhor integração entre o impresso e o digital, ainda possuem o primeiro suporte como principal produto; d) desenvolvem um jornalismo "copy & paste", de reprodução da linguagem do impresso para o digital e) subutilizam as potencialidades e os recursos do digital, como hipertexto, multimedialidade e a interatividade; f) preferem mais a política do não conflito a da contestação; g) apesar de alguns avanços, não possuem tradição em favorecer canais de participação popular efetivos, recorrentes e institucionalizados; h) pouco expressam de uma vocação verdadeiramente local - conforme os conceitos de Ringlet (*apud* CAMPONEZ, 2002, p. 101-2) -, da prática de um jornalismo com foco e intensidade na prestação de serviços, característica inerente do jornalismo de proximidade; i) como reflexo do contexto social atual, estes jornais também tendem a favorecer muito mais a lógica da modernização, da difusão e do desenvolvimentismo do que a participação e o desenvolvimento integral e humano.

Ainda que essas tendências sejam consideradas a partir de três casos estudados, mesmo considerando que os estudos de casos múltiplos são, de fato, mais convincentes, apresentando conclusões mais robustas (YIN, 2005, p. 68), essas predisposições não podem ser encaradas como um censo, que consideraria o total de casos como amostra. Portanto, os resultados não oferecem conclusões que podem ser generalizadas, apesar de suas construções terem seguido rígidos métodos e critérios científicos.

A tese que originou este livro explorou, por conseguinte, três hipóteses. A primeira delas, que nos pareceu ser procedente, ressaltava que as versões *online* dos jornais do interior paulista tenderiam a repercutir as mesmas estratégias e conteúdos do jornal impresso, com predominância para textos longos, de gênero informativo e formato noticioso, além de baixa apropriação de recursos digitais, como interatividade, hipertextualidade e multimedialidade.

A segunda delas destacava que a gestão dos meios de comunicação tende a negligenciar as possibilidades existentes no que tange uma atuação que prime pelo desenvolvimento participativo e integral. Um tanto quanto ingênua e descontextualizada de toda a complexidade da questão, a hipótese nos pareceu, em parte, procedente. Na verdade, não se trata apenas de negligenciar as possibilidades do desenvolvimento participativo. É claro que, como dissemos, carecemos de uma cultura de mobilização e de participação e essa visão de mundo é refletida nas práticas dos meios de comunicação. A falta de caráter participativo e mobilizatório é, portanto, uma cultura social histórica, manifestada dos diferentes segmentos da sociedade civil. Como dissemos em diferentes momentos, falta-nos vivência histórica como povo.

Também procedente, a terceira hipótese observava que apesar da proximidade com seu entorno e, por isso, da melhor possibilidade de articulação local, os jornais do interior tendem a apresentar dificuldades em primar pela cobertura jornalística de suas localidades. Comprovada e aprofundada a hipótese, verificou-se, inclusive, que limitações técnicas e de estruturas, além de modelos de negócios e formatos de subsistência, foco de gestão e estratégia de trabalho condicionam a intensidade da vocação que se estabelece com a localidade em que se insere.

Como forma de se aprofundar tais diagnósticos, sugere-se um estudo minucioso das rotinas de produção, relações e práticas dos repórteres e editores, tipos de gestão e participação, debruçando-se, inclusive, em outros casos do interior paulista, que poderiam contribuir com a ampliação do foco de estudo em questão. Entretanto, algumas questões só serão passíveis de resposta de pesquisadas sob o auxílio de uma pesquisa participante.

A fase de transição e avanço para a Internet não nos parece ser um processo próximo de se encerrar. Pelo contrário, principalmente no contexto do interior paulista, ao menos pelo que se pôde perceber pelos casos estudados, a trilha para uma melhor atuação nas plataformas digitais acaba de dar seus primeiros passos.

De toda forma, a questão carece, sobretudo, é de uma abertura à inovação, tanto de formas e modelos de negócio, como de formatos e estratégias para rentabilizar múltiplas fontes de receitas. Como se pôde perceber, não basta uma abertura para melhor explorar e se estabelecer localmente, entre as diferentes instâncias. É preciso repensar as estratégias de operação do jornalismo local praticado na Internet, mas também as possibilidades de monetização deste conteúdo. Ao que nos parece, o aprofundamento efetivo dos níveis de participação popular pode ser uma das saídas para se ampliar os laços com seus públicos.

Além disso, é importante dizer que as notícias locais parecem encontrar um campo fértil no avanço das tecnologias, das redes e dos artefatos *mobile*, como os *smartphones*. Como já demonstramos, apesar desse aparente caos de fluxos informacionais, há o interesse por informações sobre a localidade em que se encontra o leitor, o usuário, o internauta, o consumidor, conforme prefira denominá-los. Por outro lado, para que o conteúdo jornalístico local sobreviva na era digital, a consecução da construção de um ambiente colaborativo e participativo e a recuperação da confiança dos leitores parecem ser essenciais. E é claro que, nesse caminho, urge encontrar um equilíbrio entre as promoções, organizações e coberturas regulares de eventos comunitários, ampliar a produção de reportagens mais profundas e de fôlego investigativo que deem conta de evidenciar uma mínima liberdade editorial, além de estratégias de relacionamento e engajamento pelas redes sociais, inclusive em grupos de redes como Facebook, WhatsApp e Twitter. A própria abertura para a inovação nos modelos de negócio e nas formas de rentabilizar os conteúdos digitais, inclusive por meio de parcerias com outras redações e até mesmo empresas de outros segmentos da economia são fundamentais para a busca de uma sustentabilidade financeira.

POSFÁCIO

Pedro Jerónimo[60]

Quando há dez anos apresentava na Faculdade de Letras da Universidade do Porto, Portugal, o meu projeto de doutorado, estava longe de imaginar as repercussões que a pesquisa em torno daquele tema viria a ter nos anos seguintes. Falo do ciberjornalismo de proximidade, tema central do trabalho de então e também deste, que o prezado leitor tem em suas mãos. Na verdade, o seu autor – no convite que me fez – manifestou que o trabalho de pesquisa que iniciei em 2009 e no outro lado do Atlântico, tinha sido um importante estímulo para o seu olhar para a mídia do interior paulista. É, por isso, com redobrada alegria, privilégio e responsabilidade que escrevo as últimas linhas deste livro. Elas servem sobretudo para pontuar a importância dos estudos em torno da mídia regional e em diferentes contextos, como é o caso do Brasil.

Porque é assim tão importante estudar a mídia regional, local, hiperlocal e de proximidade, bem como o processo de construção de notícias que nela ocorre? Para ajudar a responder a esta questão, começo por ir mobilizando uma ideia partilhada por Karin Wahl-Jorgensen: a escassez de estudos nesta sub-área da mídia e do jornalismo. No artigo "The challenge of local news provision"[61], que publicou na revista científica *Journalism*, em 2019, esta prestigiada professora de jornalismo da Universidade de Cardiff, no Reino Unido, é particularmente crítica em relação a estudos neste campo, por considerar que invariavelmente se debruçam sobre meios de elite, casos de sucesso, grandes e bem equipadas redações. Dentro e fora da pesquisa acadêmica, a mídia e o jornalismo de proximidade parecem ocupar um lugar secundário. Há, porém, alguns sinais de mudança.

Entre as mais prestigiadas revistas de pesquisa e eventos científicos de âmbito internacional, temos assistido a um crescente interesse pelos contextos de proximidade. "Após um período de discursos em torno da globalização, potenciados pelo desenvolvimento tecnológico, mas sobretudo pelo aparecimento da Internet, a tendência agora parece ser a de apelar a um retorno ao local. Na essência deste retorno está o reconhecimento da importância de (re)visitar territórios e comunidades e (re)descobrir identidades. Para tal é preciso parar, olhar e voltar a olhar, dialogar, conhecer", pode ser lido em "O pulsar da proximidade nos media e no jornalismo"[62], livro que recentemente

---

60 Pesquisador do Re/media.Lab - Laboratório e Incubadora de Media Regionais (LabCom – Comunicação e Artes, Universidade da Beira Interior, Portugal)
61 Disponível em https://journals.sagepub.com/doi/full/10.1177/1464884918809281
62 Disponível em http://www.labcom.ubi.pt/book/352

editei com João Carlos Correia, meu colega na Universidade da Beira Interior (UBI), Portugal. Mas se o interesse pela mídia de proximidade já foi menos frequente por parte de acadêmicos, não podemos dizer o mesmo em relação aos profissionais. Para além do natural interesse daqueles que lá trabalham, há ainda os da grande mídia. Como é que ela, a grande mídia, *alimenta* os seus fluxos noticiosos de caráter local? Quantas organizações midiáticas possuem sucursais distribuídas pelos diferentes territórios nacionais ou neles têm correspondentes? Como conseguem garantir que estão mais próximas dos acontecimentos e das comunidades locais? Quanto dessa grande mídia não recorre ao trabalho daqueles que estão *na linha da frente*, isto é, dos jornalistas da mídia regional? E quantas vezes é reconhecido o seu trabalho, atribuindo-lhe o devido crédito? Em Portugal, devido ao enxugamento das redações jornalísticas ao longo dos anos, a grande mídia tem sido uma frequentadora cada vez mais assídua dos ciberjornais regionais. Motivo? É lá – bem como junto da agência noticiosa Lusa – que acessa às notícias referentes às pequenas comunidades e, assim, garante conteúdos para a editoria de notícias de caráter local. Prática que raramente é acompanhada pela atribuição dos devidos créditos.

 E depois temos os boatos, a desinformação e as "fake news". Se o desafio e a complexidade já eram grandes para a grande mídia, seus jornalistas e o comum dos cidadãos, o que dizer ao nível local, entre os pequenos povoados, as pequenas comunidades? Portugal não vive de forma tão acentuada como no Brasil o drama do populismo e da desinformação, do qual vou tendo conhecimento através da mídia e do relato de estudantes brasileiros que estudam na UBI. É, pois, importante centrar nossa atenção na mídia de proximidade. Penso nos pesquisadores, procurando formas de ajudar a capacitar não só os jornalistas, como também a própria sociedade civil, de mecanismos que tornem o processo de verificação de informação mais eficiente e eficaz. Não há como combater esta problemática da desinformação, se não for com uma ação coletiva. Ou como diriam os três mosqueteiros, no romance de Alexandre Dumas, "um por todos e todos por um".

 As últimas linhas desta breve reflexão, servem para parabenizar o autor deste livro, pela preciosa contribuição que sua pesquisa de doutorado traz para os estudos de jornalismo. Uma coisa é termos percepções sobre determinadas realidades, outra é estudá-las e apresentar dados, pesquisar. É o que pudemos ler aqui, num robusto trabalho acadêmico. Foi muito agradável poder conhecer este texto. Devo confessar que, conforme ia avançado na leitura, a sensação de estar revisitando a pesquisa que realizei no doutorado aumentava. Há um tema comum, em diferentes contextos, mas com conclusões praticamente coincidentes. Esse é um dos elementos de proximidade que esta pesquisa nos deixa. Também que há todo um caminho que a mídia regional de Brasil e de Portugal têm pela frente, no que diz respeito ao digital. Não arrisco a prever o futuro, mas garantidamente que grandes desafios se avizinham para os jornalistas e demais profissionais da mídia regional. Também aqui o envolvimento coletivo é essencial. O engajamento com a(s) comunidade(s) – que a pesquisa acadêmica tanto tem falado nos últimos tempos – é essencial. Sem ela a mídia regional perde a sua identidade, a sua razão de ser. Este é, sem dúvida, um dos grandes desafios que se apresentam para o futuro próximo. Que a pesquisa que este livro encerra, possa ser – estou certo – um estímulo para que outros trabalhos e pesquisadores se debrucem sobre a mídia regional e demais projetos (ciber)jornalísticos de proximidade em diferentes territórios. Há todo um Brasil, dentro do próprio Brasil, para descobrir.

Um caloroso e solidário abraço desde Portugal.

Covilhã, Portugal, 2 de setembro de 2020.

REFERÊNCIAS

ACOSTA, Alberto. O buen vivir – uma oportunidade de imaginar outro mundo. *In*: BARTELT, Dawid. **Um campeão visto de perto**: uma análise do modelo de desenvolvimento brasileiro. Rio de Janeiro: Heinrich-BöllStiftung, 2012.

ACOSTA, Alberto. El buen (con)vivir, una utopía por (re)construir. Alcances de la Constitución de Montecristi. **Obets. Revista de Ciencias Sociales**, Universidad de Alicante, v. 6, n. 1, p. 35-67, 2011.

ALMEIDA, Gastão Thomaz de. **Imprensa do interior**: um estudo preliminar. São Paulo: IMESP, 1983.

ANDRETTA, Cynthia Belgini. Correio Popular: o cenário a partir da criação da RAC. *In*: ROLDÃO, Carlos Gilberto; ORMANEZE, Fabiano; CARMO--ROLDÃO, Ivete Cardoso. (orgs.). **A imprensa em Campinas**: retratos da história. Holambra: Editora Setembro, 2016. p. 131-150.

AGUIAR, Sonia. **Territórios do jornalismo**: geografias da mídia local e regional no Brasil. Petrópolis: Vozes, Rio de Janeiro: Editora PUC-Rio, 2016.

ASSIS, Francisco. Por uma geografia da produção jornalística: a imprensa do interior. XXXVI CONGRESSO BRASILEIRO DE CIÊNCIAS DA COMUNICAÇÃO, Manaus (AM). **Anais** [...] 4-7 set. 2013.

BAUMAN, Zygmunt. **Modernidade líquida**. Rio de Janeiro: Jorge Zahar, 2001.

BAHIA, Juarez. **Jornal, História e Técnica**: as técnicas do jornalismo. São Paulo: Editora Ática, 1990.

BARÁN, Paul. **A economia política do desenvolvimento**. Rio de Janeiro: Zahar, 1964.

BARRANQUERO, Alejandro. De la comunicación para el desarrollo a la justicia ecosocial y el buen vivir. **Cuadernos de Información y Comunicación**. Universidad Complutense de Madrid, v. 17, 2012a.

BARRANQUERO, Alejandro. Comunicación participativa y dominios del Vivir Bien. Una aproximación conceptual. IV CONGRESO

INTERNACIONAL LATINA DE COMUNICACIÓN SOCIAL / IV CILCS. **Actas** [...]. Universidad de La Laguna, dezembro 2012b.

BARRANQUERO-CARRETERO, Alejandro; SÁEZ-BAEZA, Chiara. Comunicación y buen vivir. La crítica descolonial y ecológica a la comunicación para el desarrollo y el cambio social. **Palabra Clave**, Universidad de Sabana, v. 18, n. 1, p. 41-85, mar. 2015.

BELTRÁN, Luis Ramiro. Adeus a Aristóteles: comunicação horizontal. **Revista Comunicação & Sociedade**, Universidade Metodista de São Paulo, n. 6, p. 5-35, set. 1981.

BELTRÁN, Luis Ramiro. **Premisas, objetos y métodos foráneos en la investigación sobre comunicación en América Latina**. 1985. Disponível em: http://www.periodismo.uchile.cl/talleres/teoriacomunicacion/archivos/beltran.pdf. Acesso em: 19. fev. 2018.

BELTRÁN, Luis Ramiro. La Comunicación para el desarrollo en latinoamericana: un recuento de medio siglo. III CONGRESO PANAMERICANO DE LA COMUNICACIÓN. **Anais** [...]. Universidad de Buenos Aires, julho de 2005.

BELTRÃO, Luiz. O jornalismo interiorano a serviço das comunidades. *In*: ASSIS, Francisco de (org.). **Imprensa do interior**: conceitos e contextos. Chapecó: Argos, 2013. p. 23-43.

BERTOCCHI, Daniela. **Dos dados aos formatos – Um modelo teórico para o desenho do sistema narrativo no jornalismo digital**. Tese (Doutorado em Ciências da Comunicação) – Escola de Comunicações e Artes, Universidade de São Paulo. São Paulo, 2013.

BERTI, Orlando. **Processos comunicacionais nas rádios comunitárias do sertão do nordeste brasileiro na internet**. Tese (Doutorado em Comunicação Social) – Universidade Metodista de São Paulo, São Bernardo do Campo, 2014.

BOURDIN, Alain. **A questão local**. Rio de Janeiro: DP&A, 2001.

BORDENAVE, Juan E. Diaz. **O que é participação**. 8 ed. São Paulo: Brasiliense, 2007.

BORDENAVE, Juan E. Diaz. La comunicación y el nuevo mundo posible. **Razón y Palabra**, Monterrey, IM, n. 80, ago./out. 2012.

BRADSHAW, Paul. Instantaneidade: efeito da rede, jornalistas mobile, consumidores ligados e o impacto no consumo, produção e distribuição. *In*: **Webjornalismo**: 7 características que marcam a diferença. Covilhã: UBI, LabCom, Livros LabCom, 2014. p. 111-136.

BUENO, Wilson. **Caracterização de um objeto-modelo conceitual para a análise da dicotomia imprensa industrial/imprensa artesanal no Brasil.** Dissertação (Mestrado em Ciências da Comunicação) – Universidade de São Paulo, São Paulo, 1977. 486 f.

BUENO, Wilson. Jornal do interior: conceitos e preconceitos. *In*: ASSIS, Francisco de (org.). **Imprensa do interior**: conceitos e contextos. Chapecó: Argos, 2013. p. 45-65.

CAMPOS, Pedro Celso. Jornalismo impresso no interior paulista: características. *In*: ASSIS, Francisco de (org.). **Imprensa do interior**: conceitos e contextos. Chapecó: Argos, 2013. p. 233-248.

CAMPONEZ, Carlos. **Jornalismo de proximidade**. Coimbra: Minerva Coimbra, 2002.

CANAVILHAS, João (org.). **Webjornalismo**: 7 características que marcam a diferença. Covilhã: UBI, LabCom, Livros LabCom, 2014.

CARDOSO, Fernando Henrique; FALETTO, Enzo. Dependência e desenvolvimento na América Latina. *In*: BIELSCHOWSKY, Ricardo (org.). **Cinquenta anos de pensamento na Cepal**. Rio de Janeiro: Record, 2000. p. 495-520.

CASTELLS, Manuel. **O poder da identidade**. A era da informação: economia, sociedade e cultura. São Paulo: Paz e Terra, 1999. v. 2.

CASTELLS, Manuel. **Redes de indignação e esperança**: movimentos sociais na era da internet. Rio de Janeiro: Zahar, 2013.

CHAPARRO, Manuel. Comunicación, posdesarrollo y decrecimiento. *In*: AMADO, Adriana; RINCÓN, Omar (org.). **La comunicación en mutación**: remix de discursos. Bogotá, Centro de Competencia en Comunicación para América Latina, 2015. p. 157-173.

CHESBROUGH, H. **Modelos de negócios abertos**: como prosperar no novo cenário da inovação. Porto Alegre: Bookman, 2012.

CINTRA SOBRINHO, David. **Alma do espetáculo ou público pagante? Uma análise culturológica sobre as representações do torcedor de futebol na mídia esportiva impressa**. Dissertação (Mestrado em Comunicação) – Universidade Estadual Paulista. Bauru: 2005.

COGO, Denise; OLIVEIRA, Catarina T. F.; LOPES, Daniel B. Buen vivir e a crítica ao desenvolvimento: reposicionando a comunicação e a cidadania no pensamento latino-americano. *In*: ENCONTRO ANUAL DA COMPÓS, 22., jun. 2013, Salvador. **Anais** [...]. Salvador: Universidade Federal da Bahia, 2013.

CONTEÇOTE, Marcelo L. Metodologias de desenvolvimento comunitário: um olhar interdisciplinar. *In*: PERUZZO, C. M. K.; OTRE, Maria Alice C. (orgs.). **Comunicação popular, comunitária e alternativa no Brasil**: sinais de resistência e de construção da cidadania. São Bernardo do Campo: UMESP, 2015. p. 79-102.

COSTA, Letícia Maria Pinto da. O newsmaking na imprensa do interior: a rotina produtiva do jornal A voz do Vale do Paraíba. **Comunicação & Sociedade**, São Bernardo do Campo, Póscom-Umesp, ano 26, n. 43, p. 105-120, 1. sem. 2005.

DAGRON, A. G.; TUFTE, T. (orgs.). **Antología de comunicación para el cambio social**. Lecturas históricas e contemporáneas. La Paz: Plural, 2008.

DEMO, Pedro. **Participação é conquista**: noções de política social participativa. São Paulo: Cortez Autores Associados, 1988.

DEOLINDO, Jacqueline da Silva. **Regiões jornalísticas**: uma abordagem locacional e econômica da mídia do interior fluminense. 2016. 341 f. Tese (Doutorado em Comunicação) – Universidade do Estado do Rio de Janeiro.

DORNELLES, Beatriz. **Jornalismo "comunitário" em cidades do interior – uma radiografia das empresas jornalísticas**: administração, comercialização, edição e opinião dos leitores. Porto Alegre: Editora Sagra Luzzatto, 2004.

DORNELLES, Beatriz. Imprensa local. *In*: MARQUES DE MELO, J.; GOBBI, M. C.; SATHLER, L.; (org.). **Mídia Cidadã**: utopia brasileira. São Bernardo do Campo: Universidade Metodista de São Paulo, 2006. p. 99-111.

DORNELLES, Beatriz. O futuro do jornalismo em cidades do interior. *In*: ASSIS, Francisco de (org.). **Imprensa do interior**: conceitos e contextos. Chapecó: Argos, 2013. p. 67-85.

DUARTE, Jorge. Entrevista em profundidade. *In*: DUARTE, J.; BARROS, A. (org.). **Métodos e técnicas de pesquisa em comunicação**. São Paulo: Atlas, 2005. p. 62-83.

DUTTON, William H. Internet Studies: the foundations of a transformative Field. *In*: DUTTON, W. H. **The Oxford Handbook of Internet Studies**. Oxford: Oxford University Press, 2013. p. 1-23.

EPSTEIN, Isaac. Ciência, poder e comunicação. *In*: DUARTE, J.; BARROS, A. (org.). **Métodos e técnicas de pesquisa em comunicação**. São Paulo: Atlas, 2005. p. 15-31.

ESTEVA, Gustavo. Desarrollo. *In*: SACHS, W. (org.). **Diccionario del desarrollo**. Un guía del conocimiento como poder. Perú: PRATEC, 1996.

FONSECA JÚNIOR, Wilson Corrêa da. Análise de Conteúdo. *In*: DUARTE, J.; BARROS, A. (org.). **Métodos e técnicas de pesquisa em comunicação**. São Paulo: Atlas, 2005. p. 280-304.

FOTIOS HATZIGEORGIOU, Ricardo. **Reportagem orientada pelo clique**: audiência enquanto critério de seleção da notícia online. 168 f. Dissertação (Mestrado) – Escola Superior de Propaganda e Marketing – ESPM, 2018.

FRANCO, Augusto de. **Pobreza & desenvolvimento local**. Brasília: ARCA Sociedade do Conhecimento, 2002.

FREIRE, Paulo. **Educação como prática da liberdade**. Rio de Janeiro: Paz e Terra, 1967.

GODOY, Arilda Schmidt. Introdução à pesquisa qualitativa e suas possibilidades. **Revista de Administração de Empresas**, Fundação Getúlio Vargas, v. 35, n. 2, p. 57-63, 1995a.

GODOY, Arilda Schmidt. Pesquisa qualitativa: tipos fundamentais. **Revista de Administração de Empresas**, Fundação Getúlio Vargas, v. 35, n. 3, p. 20-29, 1995b.

GONZÁLEZ, Jorge A. **Entre cultura(s) e cibercultura(s)**: incursões e outras rotas não lineares. São Bernardo do Campo: Editora Metodista, 2012.

GONZÁLEZ, Jorge A. **Entre cultura(s) y cibercultur@(s)**: incursiones y otros derroteros no lineales. México: Universidad Nacional Autónoma de México, 2015.

GRAY-FELDER, Denise; DEANE, James. **Communication for Social Change**: a position paper and Conference report. The Rockefeller Foundation, 1999.

GUMUCIO-DAGRON, Alfonso. Comunicación para el cambio social: clave del desarrollo participativo. **Signo y Pensamiento**, Bogotá, Javeriana, v. 30, p. 26-39, jan./jun. 2011.

JERÓNIMO, Pedro. Jornalismo de proximidade em mobilidade. *In*: CANAVILHAS, João (org.). **Notícias e Mobilidde**: o jornalismo na era dos dispositivos móveis. Covilhã, Portugal: UBI, Labcom, 2013.

JERÓNIMO, Pedro. **Ciberjornalismo de proximidade**: redações, jornalistas e notícias online. Covilhã, Portugal: Editora LabCom.IFP, 2015.

KAPLUN, Mario. **El comunicador popular**. Quito: Ciespal, 1985.

KAPLUN, Gabriel. Entre mitos e desejos: desconstruir e reconstruir o desenvolvimento, a sociedade civil e a comunicação comunitária. *In*: PAIVA, Raquel. **O Retorno da Comunidade**: os novos caminhos do social. Rio de Janeiro: Mauad X, 2007. p. 167-194.

KISCHINHEVSKY, Marcelo; CHAGAS, Luãn. Diversidade não é igual à pluralidade – proposta de categorização das fontes no radiojornalismo. **Galaxia**, São Paulo, n. 36, p. 111-124, set./dez 2017.

LEMOS, André. **A comunicação das coisas**: teoria ator-rede e cibercultura. São Paulo: Annablume, 2013.

LENKERSDORF, Carlos. Nosotros, otra realidad. **Comunicação & Política**, v. 7, n. 2, maio/ago. 2000.

LOPES, Dirceu Fernandes; SOBRINHO, José Coelho; PROENÇA, José Luiz (org.). **A evolução do jornalismo em São Paulo**. São Paulo: EDICON, ECA/USP, 1996.

LOPES, Maria Immacolata Vassallo de. **Pesquisa em Comunicação**. 6. ed. São Paulo: Edições Loyola, 2001.

LOPES, Maria Immacolata Vassallo de. Proposta de um modelo metodológico para o ensino da pesquisa em comunicação. *In*: MOURA, Cláudia Peixoto; LOPES, Maria Immacolata Vassallo de (org.). **Pesquisa em comunicação**: metodologias e práticas acadêmicas. Porto Alegre: EDIPUCRS, 2016. p. 99-107.

LOPEZ GARCIA, Xosé. La comunicación del futuro se escribe com L de local. Ámbitos, n. 5, p. 107-117, 2 sem. 2000.

LOPEZ GARCIA, Xosé. Repensar o jornalismo de proximidade para fixar os media locais na sociedade global. **Comunicação & Sociedade**, v. 4, n. 2, p. 199-206, 2002.

LOPEZ GARCIA, Xosé. **Ciberjornalismo en la proximidad**. Sevilha: Comunicación Social Ediciones y Publicaciones, 2008.

LORENZ, Mirko. Personalização: análise aos 6 graus. *In*: **Webjornalismo**: 7 características que marcam a diferença. Covilhã: UBI, LabCom, Livros LabCom, 2014. p. 137-158.

MAMANI, Fernando Huanacuni. **Buen vivir / vivir bien**: filosofía, políticas, estrategias y experiencias regionales andinas. Lima: Coordinadora Andina de Organizaciones Indígenas, 2010.

MANCE, Euclides A. Libertação e Bem-Viver. **Revista Filosofaze**, Passo Fundo, n. 46, jan./jul. 2015.

MARQUES DE MELO, José. **Subdesenvolvimento, urbanização e comunicação**. São Paulo: Vozes, 1976.

MARQUES DE MELO, José. Comunicação e desenvolvimento: por um conceito midiático de região. *In*: MARQUES DE MELO, J.; SOUSA, C. M.; GOBBI, M. Cristina (org.). **Regionalização midiática**: estudos sobre comunicação e desenvolvimento regional. Rio de Janeiro: Sotese/São Bernardo do Campo: Cátedra Unesco/Metodista/Taubaté: Unitau, 2006.

MARQUES DE MELO, José, ASSIS, Francisco. Gêneros e formatos jornalísticos: um modelo classificatório. **Intercom – Revista Brasileira de Ciências da Comunicação**. São Paulo, v. 39, n. 1, p. 39-56, jan./abr. 2016.

MARQUES DE MELO, José; QUEIROZ, Adolpho. **Identidade da imprensa brasileira no final do século**: das estratégias comunicacionais aos enraizamentos e às ancoragens culturais. São Bernardo do Campo: Umesp, 1998.

MARTÍN-BARBERO, Jesus. **Dos meios às mediações**: comunicação, cultura e hegemonia. Tradução de Ronald Polito e Sérgio Alcides. 5. ed. Rio de Janeiro: Editora UFRJ, 2004.

MASELLA LOPES, Paulo Roberto. **O espaço como matriz epistemológica na comunicação**. Dissertação (Mestrado) – Escola de Comunicação e Artes, Universidade de São Paulo, 2007. 181 p.

MATTELART, Armand; MATTELART, Michèle. **História das teorias da comunicação**. São Paulo: Edições Loyola, 2006.

MCANANY, Emile G. **Saving the World. A Brief History of Communication for Development and Social Change**. Urbana, Chicago and Springfield: University of Illinois Press, 2012.

MERINO UTRERAS, Jorge. **Comunicación popular, alternativa y participatória**. Quito: Ciespal, 1988.

MIGNOLO, Walter. **Desobediencia epistémica**: retórica de la modernidad, lógica de la colonialidad y gramática de la descolonialidad. Buenos Aires, Argentina: Ediciones del signo, 2010.

MINAYO, Maria Cecília de S. **O desafio do conhecimento**: pesquisa qualitativa em saúde. 10. ed. São Paulo: Hucitec, 2007.

NISHIYAMA, Alexandra Fante. **Arquiteturas da notícia em dispositivos móveis**: análise de aplicativos jornalísticos brasileiros e portugueses para smartphones. Tese (Doutorado em Comunicação Social) – Universidade Metodista de São Paulo, São Bernardo do Campo, 2017. 329 f.

OLIVEIRA, Roberto Reis de. Espaço, território, região: pistas para um debate sobre comunicação regional. **Ciberlegenda**. Revista do Programa de Pós-Graduação em Comunicação da Universidade Federal Fluminense, n. 29, 2013.

ORTET, Fernando. A realidade do jornalismo do interior é desconhecida. *In*: LOPES, Dirceu Fernandes; SOBRINHO, José Coelho; PROENÇA, José Luiz (org.). **A evolução do jornalismo em São Paulo**. São Paulo: EDICON, ECA/USP, 1996.

PALÁCIOS, Marcos. Ruptura, continuidade e potencialização no jornalismo on-line: o lugar da memória. *In*: MACHADO, Elias; PALÁCIOS, Marcos (org.). **Modelos de jornalismo digital**. Salvador: Edições GJOL, 2003. p. 13-36.

PALÁCIOS, Marcos. Memória: jornalismo, memória e história na era digital. *In*: CANAVILHAS, João (org.). **Webjornalismo**: 7 características que marcam a diferença. Covilhã: UBI, LabCom, Livros LabCom, 2014.

PAVLIK, John V. Ubiquidade: o 7.º princípio do jornalismo na era digital. *In*: **Webjornalismo**: 7 características que marcam a diferença. Covilhã: UBI, LabCom, Livros LabCom, 2014. p. 159-184.

PERUZZO, Cicilia M. K. Mídia local, uma mídia de proximidade. **Revista Comunicação Veredas**: Revista do Programa de Pós-Graduação em Comunicação, Marília, UNIMAR, ano 2, n. 2, p. 65-89, nov. 2003.

PERUZZO, Cicilia M. K. **Comunicação nos movimentos populares**: a participação na construção da cidadania. 3. ed. Petrópolis: Vozes, 2004.

PERUZZO, Cicilia M. K. Direito à Comunicação Comunitária, Participação Popular e Cidadania. **Revista Latinoamericana de Ciencias de la Comunicación**, São Paulo, ALAIC, v. 3, p. 18-53, 2005.

PERUZZO, Cicilia M. K. Mídia regional e local: aspectos conceituais e tendências. **Comunicação & Sociedade**, São Bernardo do Campo, Póscom-Umesp, ano 26, n. 43, p. 67-84, 1. sem. 2005.

PERUZZO, Cicilia M. K. **Mídia local e suas interfaces com a mídia comunitária no Brasil**, Anuário Internacional de comunicação Lusófona, v. 4, n. 1, p. 141-169, 2006.

PERUZZO, Cicilia M. K. Conceitos de Comunicação popular, alternativa e comunitária revisitados e as reelaborações no setor. **Palabra Clave**. Revista de Comunicación da Universidad de La Sabana, Colômbia, v. 11, n. 2, 2008.

PERUZZO, Cicilia M. K. A comunicação no desenvolvimento comunitário e local, com cibercultur@. XXI ENCONTRO ANUAL DA COMPÓS, **Anais** [...]. Universidade Federal de Juiz de Fora, 12 a 15 de junho, 2012.

PERUZZO, Cicilia M. K. Comunicação para o desenvolvimento, comunicação para a transformação social. *In*: MONTEIRO NETO, Aristides (org.). **Sociedade, política e desenvolvimento**. Brasília: IPEA, 2014. p. 161-195. (Coleção Desenvolvimento nas Ciências Sociais. O estado das artes. Livro 2.)

PERUZZO, C. M. K.; VOLPATO, M. O. Conceitos de comunidade, local e região: inter-relações e diferenças. **Líbero**. Revista do Programa de Pós--Graduação em Comunicação da Faculdade Cásper Líbero, v. 12, n. 24, p. 139-152, dez. 2009.

PERUZZO, Cicilia M. K; VOLPATO, Marcelo de O. Rádio comunitária e liberdade de expressão no Brasil. **Chasqui**, Quito, Ciespal, v. 109, p. 39-43, 2010.

PEW RESEARCH CENTER. Location-Based Services. Washington, D.C. Setembro de 2013. Disponível em: http://www.pewinternet.org/files/old-media/Files/ Reports/2013/PIP_Location-based%20services%202013.pdf.

PIB do interior paulista já é 12% maior que o do Chile. **G1**. 18 fev. 2007. Economia. Disponível em: http://g1.globo.com/Noticias/Economia/0,,AA1461196-5599,00.html.

RAMOS, Daniela Osvald. **Formato, condição para a escrita do jornalismo digital de base de dados**: uma contribuição da semiótica da cultura. Tese (Doutorado em Comunicação Social) – Universidade de São Paulo, São Paulo, 2011.

REINO, Lucas. **Jornalismo baseado em localização**: uma análise das potencialidades na produção e no consumo de notícias. 2015. 249 f. Tese (Doutorado em Comunicação Social) – Pontifícia Universidade Católica do Rio Grande do Sul, Porto Alegre, 2015.

RICHARDSON, Roberto J. **Pesquisa social**: métodos e técnicas. 3. ed. 9 reimpr. São Paulo: Atlas, 2008.

ROGERS, E. M. **Communication technology**: the new media in society. New York: Free Press, 1986.

ROST, Alejandro. Interatividade: definições, estudos e tendências. *In*: CANAVILHAS, João (org.). **Webjornalismo**: 7 características que marcam a diferença. Covilhã: UBI, LabCom, Livros LabCom, 2014. p. 53-88.

RUDIGER, Francisco. **Ciência Social Crítica e Pesquisa em Comunicação**. São Leopoldo, Editora Unisinos, 2002.

SAAD CORRÊA, E.; BERTOCCHI, D. A cena cibercultural do jornalismo contemporâneo: web semântica, algoritmos, aplicativos e curadoria. **Matrizes**, São Paulo, ano 5, n. 2, jan./jun. 2012. p. 123-144.

SANTAELLA, L. **Comunicação e pesquisa**: projetos para mestrado e doutorado. São Paulo: Hacker Editores, 2001.

SANTOS, Milton. **A cidade como centro de região**. Salvador: Universidade Federal da Bahia, 1959.

SANTOS, Milton. **A natureza do espaço**: técnica e tempo, razão e emoção. 4. ed. 2 reimpr. São Paulo: Editora da Universidade de São Paulo, 1997.

SALAVERRÍA, Ramón. Multimedialidade: informar para cinco sentidos. *In*: CANAVILHAS, João (org.). **Webjornalismo**: 7 características que marcam a diferença. Covilhã: UBI, LabCom, Livros LabCom, 2014. p. 25-52.

SCHMITZ WEISS, Amy. Exploring news apps and location-based services on the smartphone. **Journalism & Mass Communication Quarterly**, v. 3, n. 90, p. 435-456, 2013.

SCHMITZ WEISS, Amy. Place-based knowledge in the twenty-first century: the cration of spatial journalism. **Digital Journalism**, Taylor & Francis, 2014. p. 1-16.

SEN, Amartya. **Desenvolvimento como liberdade**. São Paulo: Instituto Ayrton Senna, 2000.

SERVAES, Jan. Comunicación para el desarrollo: tres paradigmas, dos modelos. **Temas y Problemas de Comunicación**, Rio Cuarto, Facultad de Ciencias Humanas/UNRC, ano 8, v. 10, p. 7-27, 2000.

SHIRKY, Clay. **Tech is Eating Media. Now What? Medium.com**. 2015. Disponível em: https://medium.com/@cshirky/john-one-key-source-of-anxiety-for-the-current-transition-should-be-the-role-of-the-advertiser-e-0c054d94e75. Acesso em: 1 maio 2019.

SILVA, Fernando Firmino da. **Jornalismo móvel digital**: o uso das tecnologias móveis digitais e a reconfiguração das rotinas de produção da reportagem de campo. Tese (Doutorado em Comunicação) – Faculdade de Comunicação Social, Universidade Federal da Bahia – UFBA. Salvador, 2013.

SILVA, Claudia. Back to the future of news: looking at locative media principles in the pre-news era. **#ISOJ**, v. 4, n. 1, p. 23-42, 2014.

SPINELLI, Egle Müller. CORRÊA, Elizabeth Saad. Reinventar, valorar e fortalecer: estratégias de inovações em modelos de negócio nas organizações jornalísticas. **Comunicação & Inovação**, v. 18, n. 36, p. 73-88, jan./abr. 2017.

TRIVIÑOS, Augusto N. S. **Introdução à pesquisa em ciências sociais**: a pesquisa qualitativa em educação. São Paulo: Atlas, 1987.

UNESCO. **Um mundo e muitas vozes**: comunicação e informação na nossa época. Rio de Janeiro: Ed. da Fundação Getúlio Vargas, 1983. 499 p. (Relatório MacBride).

VIEIRA, Liszt. **Cidadania e globalização**. 8. ed. Rio de Janeiro: Record, 2005.

VOLPATO, Marcelo de O. **Configurações e tendências das rádios comunitárias do interior paulista da região de Bauru**. 2010. 169 f. Dissertação (Mestrado em Comunicação Social) – Universidade Metodista de São Paulo, São Bernardo do Campo, 2010.

VOLPATO, Marcelo de O. Mídia locativa, conteúdo geolocalizado e reconfigurações no jornalismo: três pistas para iniciar o debate. XIV CONGRESSO INTERNACIONAL DE COMUNICAÇÃO IBERCOM 2015, Anais [...]. Universidade de São Paulo, 2015. p. 6354-6364.

WALSH, Catherine. ¿Comunicación, Decolonización y Buen Vivir? Notas para enredar, preguntar, sembrar e caminar. In: CABALLERO, Francisco Sierra; MALDONADO, Claudio (org.). **Comuicación, Decolonialidade y Buen Vivir**. Quito, Ecuador: Ediciones CIESPAL, 2016.

WILLIAMS, Raymond. **Palavras-chave**: um vocabulário de cultura e sociedade. São Paulo: Boitempo, 2007.

WOLF, Mauro. **Teorias das comunicações de massa**. 2. ed. São Paulo: Martins Fontes, 2005.

YIN, Robert K. **Estudo de caso**: planejamento e métodos. 3. ed. Porto Alegre: Bookman, 2005.

ÍNDICE REMISSIVO

A
América Latina 27, 43, 46, 47, 48, 49, 54, 63, 64, 74, 148, 149
Análise 9, 16, 18, 21, 22, 23, 24, 27, 61, 62, 77, 86, 87, 88, 90, 94, 105, 109, 110, 112, 117, 120, 123, 125, 134, 147, 149, 150, 151, 153, 154, 156
Audiência 15, 31, 37, 68, 74, 102, 103, 105, 113, 117, 118, 119, 120, 121, 125, 129, 130, 134, 138, 151
Avanço 7, 14, 16, 25, 30, 43, 52, 73, 74, 113, 124, 129, 133, 138, 139, 140, 141

B
Buen vivir 43, 44, 54, 55, 56, 58, 59, 60, 61, 69, 70, 71, 72, 133, 139, 147, 148, 150, 153, 158

C
Ciberjornalismo 3, 4, 7, 9, 10, 14, 16, 21, 25, 30, 38, 39, 105, 109, 112, 113, 115, 120, 138, 143, 152, 153
Ciberjornalismo de proximidade 3, 4, 7, 9, 10, 14, 16, 21, 25, 38, 39, 109, 143, 152
Cidadania 33, 34, 54, 65, 66, 68, 69, 131, 132, 135, 150, 155, 158
Cidades 9, 22, 26, 31, 34, 35, 42, 73, 75, 76, 79, 80, 81, 82, 109, 150
Cobertura 15, 25, 33, 34, 74, 78, 79, 80, 81, 82, 86, 109, 110, 111, 119, 120, 128, 131, 140
Complexidade 17, 18, 19, 26, 27, 28, 40, 47, 59, 70, 110, 112, 137, 140, 144
Comunicação 4, 7, 9, 11, 13, 14, 15, 16, 17, 21, 24, 25, 27, 33, 34, 35, 37, 39, 40, 41, 43, 44, 47, 48, 51, 61, 62, 63, 64, 65, 66, 67, 68, 69, 70, 71, 72, 74, 75, 76, 77, 82, 102, 111, 112, 117, 122, 123, 124, 126, 129, 130, 131, 132, 133, 134, 135, 136, 137, 139, 140, 143, 147, 148, 149, 150, 151, 152, 153, 154, 155, 156, 157, 158
Comunicação para a mudança 65, 68, 69, 70, 71
Comunicação para o desenvolvimento 16, 21, 43, 44, 61, 68, 69, 156
Conhecimento 13, 16, 17, 18, 21, 24, 44, 45, 52, 59, 60, 68, 69, 91, 119, 135, 144, 151, 154
Consumo 13, 40, 44, 46, 49, 50, 70, 93, 103, 104, 105, 125, 149, 156
Conteúdo 7, 13, 14, 16, 23, 24, 31, 32, 33, 34, 39, 40, 41, 42, 66, 67, 68, 77, 78, 82, 83, 85, 86, 87, 93, 94, 96, 98, 102, 103, 105, 106, 107, 111, 112, 113, 117, 118, 119, 120, 121, 123, 125, 126, 128, 130, 131, 132, 135, 137, 138, 141, 151, 158

Contexto 14, 15, 16, 18, 19, 21, 22, 25, 26, 27, 28, 29, 31, 34, 36, 37, 40, 44, 47, 54, 61, 62, 65, 68, 71, 86, 103, 109, 118, 120, 125, 130, 133, 136, 137, 138, 139, 140
Correio 14, 16, 22, 23, 76, 77, 79, 80, 81, 82, 83, 84, 85, 87, 89, 90, 91, 92, 93, 98, 99, 100, 101, 102, 104, 105, 106, 112, 114, 116, 117, 118, 126, 128, 130, 147
Cruzeiro do sul 14, 16, 22, 75, 76, 77, 79, 81, 83, 84, 85, 86, 87, 88, 89, 90, 92, 96, 97, 98, 101, 102, 105, 106, 107, 111, 112, 114, 115, 116, 117, 119, 125, 126, 128, 130, 131, 132, 135, 138
Cultura 28, 29, 30, 31, 34, 37, 39, 41, 45, 52, 57, 58, 65, 68, 70, 71, 72, 84, 105, 112, 114, 116, 117, 119, 122, 125, 133, 134, 136, 137, 138, 140, 149, 151, 152, 154, 156, 158
Cultural 15, 26, 27, 28, 31, 33, 35, 46, 49, 51, 56, 64, 65, 68, 73, 120, 123, 127

D
Dados 4, 15, 16, 18, 21, 23, 25, 34, 42, 58, 69, 74, 75, 76, 77, 78, 82, 83, 103, 109, 113, 115, 118, 121, 124, 133, 144, 148, 156
Dependência 44, 47, 48, 49, 50, 55, 64, 72, 125, 149
Desenvolvimento 4, 7, 8, 9, 10, 14, 15, 16, 18, 21, 34, 43, 44, 45, 46, 47, 48, 49, 50, 51, 52, 54, 55, 56, 57, 58, 59, 60, 61, 62, 63, 64, 65, 66, 67, 68, 69, 70, 71, 72, 73, 110, 111, 112, 125, 131, 133, 134, 135, 136, 137, 138, 139, 140, 143, 147, 149, 150, 151, 152, 153, 155, 156, 157
Digitais 9, 10, 14, 15, 23, 38, 63, 94, 100, 102, 103, 106, 119, 124, 125, 129, 131, 140, 141, 157
Digital 4, 7, 9, 10, 13, 14, 16, 22, 23, 24, 25, 39, 40, 74, 75, 77, 93, 103, 107, 109, 112, 113, 114, 115, 118, 119, 125, 126, 129, 131, 136, 138, 139, 141, 145, 148, 155, 156, 157

E
Editorial 5, 14, 16, 24, 32, 37, 40, 67, 75, 77, 78, 79, 83, 88, 90, 105, 110, 112, 120, 123, 124, 126, 132, 141
Empresas 26, 32, 39, 62, 107, 112, 118, 125, 126, 127, 141, 150, 151
Entorno 14, 15, 30, 37, 54, 67, 79, 109, 110, 113, 121, 128, 131, 133, 135, 140
Estratégia 10, 14, 19, 25, 35, 37, 48, 50, 51, 54, 83, 111, 117, 124, 127, 128, 131, 132, 140
Estratégias 7, 8, 14, 15, 32, 35, 40, 43, 44, 45, 50, 53, 67, 71, 76, 102, 109, 111, 112, 113, 114, 119, 120, 121, 124, 125, 127, 129, 130, 132, 136, 137, 138, 139, 140, 141, 153, 158

F
Fenômeno 9, 10, 13, 15, 16, 17, 18, 19, 20, 21, 23, 27, 32, 37, 39, 61, 64, 69, 109, 110, 112, 113, 119, 137, 138

G
Gestão 15, 23, 32, 34, 38, 48, 53, 63, 64, 66, 67, 109, 111, 113, 114, 121, 129, 131, 132, 138, 140
Grupos 17, 19, 29, 33, 34, 40, 49, 50, 52, 53, 54, 64, 67, 70, 72, 109, 135, 141

H
Hipertextualidade 15, 24, 29, 40, 93, 94, 96, 98, 100, 103, 112, 115, 140
História 16, 18, 26, 36, 43, 47, 50, 60, 73, 76, 77, 88, 90, 103, 138, 147, 154, 155
Humano 17, 19, 31, 50, 52, 59, 60, 65, 66, 68, 70, 71, 88, 89, 90, 131, 135, 139

I
Identidade 26, 27, 28, 29, 34, 36, 37, 39, 65, 68, 121, 132, 135, 145, 149, 153
Imprensa 7, 10, 11, 14, 15, 16, 23, 25, 29, 30, 31, 32, 33, 36, 37, 38, 39, 73, 74, 75, 76, 77, 118, 119, 120, 122, 123, 129, 131, 132, 133, 135, 136, 147, 148, 149, 150, 153
Imprensa do interior 23, 31, 129, 133, 147, 148, 149, 150
Informação 10, 13, 23, 30, 32, 33, 34, 35, 37, 38, 39, 40, 41, 44, 48, 53, 61, 62, 63, 68, 93, 103, 113, 115, 116, 118, 122, 126, 130, 135, 144, 149, 158
Informações 10, 15, 21, 23, 25, 31, 32, 34, 63, 68, 91, 102, 113, 114, 120, 121, 122, 123, 129, 130, 131, 141
Interatividade 15, 24, 29, 41, 93, 102, 103, 106, 112, 117, 139, 140, 156
Interior paulista 3, 4, 7, 9, 13, 14, 15, 16, 22, 30, 73, 74, 75, 111, 113, 114, 119, 121, 125, 126, 129, 130, 131, 133, 137, 138, 139, 140, 143, 149, 156, 158
Internet 7, 9, 10, 13, 14, 15, 16, 22, 29, 34, 38, 39, 40, 41, 75, 77, 93, 100, 102, 112, 113, 114, 115, 124, 125, 126, 130, 134, 137, 138, 140, 141, 143, 148, 149, 151

J
Jornais do interior paulista 13, 14, 15, 16, 22, 30, 114, 119, 121, 137, 138, 139, 140
Jornalismo 4, 7, 9, 10, 11, 13, 15, 16, 21, 24, 29, 31, 32, 34, 35, 36, 37, 38, 39, 40, 42, 73, 76, 86, 87, 88, 93, 100, 102, 103, 104, 106, 109, 110, 111, 113, 115, 116, 117, 118, 119, 120, 121, 122, 123, 124, 125, 126, 127, 134, 136, 137, 138, 139, 141, 143, 144, 147, 148, 149, 150, 152, 153, 154, 155, 156, 157, 158

Jornalismo de proximidade 4, 21, 35, 37, 38, 120, 136, 139, 143, 149, 152, 153
Jornalismo local 9, 10, 11, 13, 16, 34, 37, 120, 122, 125, 134, 136, 137, 138, 141
Jornalistas 30, 33, 37, 103, 114, 115, 118, 119, 122, 128, 144, 145, 149, 152

L
Leitor 30, 36, 38, 42, 94, 96, 98, 103, 104, 105, 112, 115, 117, 122, 124, 125, 126, 141, 143
Leitores 10, 30, 36, 37, 38, 41, 75, 76, 88, 93, 96, 102, 126, 130, 132, 133, 141, 150

M
Meios 9, 11, 14, 15, 25, 29, 35, 37, 39, 40, 45, 53, 63, 64, 66, 67, 74, 75, 76, 102, 122, 131, 132, 134, 137, 138, 140, 143, 154
Meios de comunicação 9, 11, 14, 15, 25, 35, 63, 64, 66, 74, 75, 76, 102, 132, 134, 137, 140
Mensagens 24, 35, 36, 42, 64, 65, 66, 67, 103, 120, 130, 132
Mídia 9, 10, 14, 22, 31, 32, 33, 34, 35, 37, 38, 39, 61, 62, 68, 73, 77, 109, 112, 122, 133, 137, 143, 144, 145, 147, 150, 155, 158
Modelos de negócio 14, 137, 141, 158
Modernização 10, 44, 45, 46, 47, 48, 49, 50, 51, 55, 59, 61, 62, 63, 64, 68, 69, 71, 72, 111, 133, 134, 135, 136, 139
Mudança social 50, 65, 68, 69, 70, 71, 72
Mundo 9, 13, 17, 19, 25, 30, 35, 40, 44, 45, 47, 49, 50, 57, 58, 59, 66, 72, 84, 85, 113, 114, 121, 125, 126, 130, 131, 134, 140, 147, 148, 158

N
Negócios 8, 34, 46, 76, 85, 113, 119, 124, 125, 126, 127, 128, 138, 139, 140, 149
Notícia 36, 37, 39, 77, 88, 89, 90, 91, 104, 111, 116, 118, 129, 130, 151, 154
Notícias 9, 40, 41, 67, 77, 81, 82, 83, 94, 103, 104, 105, 111, 114, 118, 119, 120, 121, 128, 134, 138, 141, 143, 144, 152, 156

P
Países 43, 44, 45, 46, 48, 49, 56, 59, 63, 72, 74, 80, 81, 82
Participação 8, 14, 28, 33, 34, 41, 50, 51, 52, 53, 54, 56, 63, 65, 66, 67, 68, 76, 102, 103, 106, 109, 111, 128, 129, 130, 131, 132, 133, 135, 136, 138, 139, 140, 141, 148, 150, 155
Participação popular 8, 33, 56, 67, 109, 111, 128, 129, 130, 131, 132, 136, 138, 139, 141, 155
Política 10, 27, 31, 32, 34, 43, 44, 48, 49, 52, 53, 56, 64, 67, 124, 131, 139, 147, 150, 152, 156

Práticas 13, 23, 31, 33, 39, 45, 52, 63, 113, 117, 119, 120, 123, 130, 132, 133, 135, 136, 137, 138, 139, 140, 153
Produção 9, 13, 14, 15, 22, 24, 25, 30, 32, 34, 35, 39, 41, 46, 48, 49, 52, 53, 59, 64, 65, 66, 67, 70, 77, 78, 81, 82, 83, 84, 91, 93, 103, 104, 105, 110, 112, 113, 114, 115, 116, 117, 118, 119, 120, 122, 124, 125, 126, 127, 129, 130, 132, 135, 138, 139, 140, 141, 147, 149, 156, 157

R
Realidade 10, 11, 17, 19, 25, 26, 28, 31, 33, 37, 38, 40, 41, 42, 45, 49, 52, 54, 59, 60, 64, 109, 110, 111, 118, 120, 121, 131, 134, 135, 136, 154
Rede 14, 16, 20, 22, 32, 37, 40, 73, 74, 75, 76, 77, 106, 124, 131, 132, 137, 138, 149, 152
Redes 13, 27, 28, 29, 38, 40, 52, 54, 55, 103, 105, 107, 113, 124, 129, 130, 131, 138, 141, 149
Região 15, 22, 26, 27, 30, 32, 33, 34, 36, 37, 64, 74, 75, 76, 77, 80, 81, 83, 127, 137, 153, 154, 156, 158
Relações 16, 17, 20, 26, 28, 30, 35, 36, 43, 48, 49, 51, 55, 59, 61, 62, 70, 72, 109, 122, 123, 127, 129, 132, 135, 139, 140, 156
Repórter 102, 110, 111, 115, 118, 121, 130, 131, 132, 135, 138

S
Sociedade 9, 19, 28, 33, 34, 40, 45, 46, 47, 49, 50, 51, 52, 54, 60, 62, 63, 66, 103, 110, 118, 122, 127, 134, 140, 144, 148, 149, 150, 151, 152, 153, 155, 156, 158

T
Técnicas 17, 18, 24, 29, 39, 45, 46, 48, 119, 136, 140, 147, 151, 156
Tecnologia 13, 27, 39, 45, 46, 47, 49, 63, 76, 85, 104, 107, 130
Tecnologias 9, 10, 13, 25, 28, 34, 38, 39, 40, 42, 43, 44, 63, 103, 104, 106, 113, 124, 129, 130, 131, 137, 138, 141, 157
Tratamento 24, 37, 38, 40, 86, 87, 91, 110, 111, 120, 121, 122, 123, 134, 135

U
Universidade 5, 9, 24, 143, 144, 148, 149, 150, 154, 155, 156, 157, 158

V
Veículos 14, 15, 23, 30, 33, 34, 76, 77, 93, 104, 105, 107, 124, 128, 139
Verdade 10, 19, 20, 37, 56, 59, 67, 71, 104, 117, 118, 129, 134, 140, 143

SOBRE O LIVRO
Tiragem: 1000
Formato: 16 x 23 cm
Mancha: 12,3 X 19,3 cm
Tipologia: Times New Roman 11,5 | 12 | 16 | 18
Arial 7,5 | 8 | 9
Papel: Pólen 80 g (miolo)
Royal Supremo 250 g (capa)